EPC模式下钟昭高速公路建设管理纪实

冯学茂 罗 勇 主编

·长沙·

图书在版编目（CIP）数据

EPC 模式下钟昭高速公路建设管理纪实 / 冯学茂, 罗勇主编. —长沙：中南大学出版社，2020.3
ISBN 978-7-5487-4008-7

Ⅰ.①钟… Ⅱ.①冯… ②罗… Ⅲ.①高速公路—运营管理—广西 Ⅳ.①F542.876

中国版本图书馆 CIP 数据核字（2020）第 045610 号

EPC 模式下钟昭高速公路建设管理纪实
EPC MOSHI XIA ZHONGZHAO GAOSU GONGLU JIANSHE GUANLI JISHI

冯学茂　罗勇　主编

□责任编辑	史海燕
□责任印制	易红卫
□出版发行	中南大学出版社
	社址：长沙市麓山南路　　邮编：410083
	发行科电话：0731-88876770　　传真：0731-88710482
□印　　装	长沙市宏发印刷有限公司
□开　　本	710 mm×1000 mm 1/16　□印张 13　□字数 245 千字
□版　　次	2020 年 3 月第 1 版　□2020 年 3 月第 1 次印刷
□书　　号	ISBN 978-7-5487-4008-7
□定　　价	50.00 元

图书出现印装问题，请与经销商调换

编委会

顾　　问	赖水平	陈开群	蓝日彦
	梁　波	龚定强	苏伟胜
主　　任	冯学茂	罗　勇	
副 主 任	王万展	吕化冰	
委　　员	刘邦胜	廖首道	蓝高鹏
	林谢敏	吴明峰	施俊靓
	谢才文	吕立波	姚　鑫
	曾艳娜	卜海勤	李晓萍
	张　杰	谢佳芹	俸红红

序
Foreword

  我国发展仍处于并将长期处于重要战略机遇期，面对经济形势的深刻变化，交通运输仍处于基础设施发展、服务水平提高和转型发展的黄金时期，这是重要战略机遇期在新时代交通运输行业的集中体现。在国际发展环境复杂多变和国家经济下行压力下，中央进一步加大交通基础设施的投资建设力度和推进西部大开发，西部陆海新通道建设上升为国家战略，在重大政策、重大项目和资金安排等方面继续加大向西部地区、少数民族地区、边疆地区的倾斜力度，广西拥有多种优惠政策叠加。广西聚焦"建设壮美广西，共圆复兴梦想"的总目标总要求，深入贯彻落实"三大定位"新使命和"五个扎实"新要求，加快构建"南向、北联、东融、西合"全方位开放发展新格局，强化与粤港澳大湾区基础设施互联互通，新一版全区高速公路规划推进实施，广西已经走上发展新历程。

  无论是从"交通强国"还是从建设"壮美广西"出发，加快推进高速公路建设任重道远。2018年，在广西壮族自治区成立60周年之际，广西北部湾投资集团有限公司（广西北部湾投资集团）和广西新发展交通集团有限公司（广西新发展交通集团）完成战略性重组。重组后的广西北部湾投资集团资产超千亿元，挺进中国企业500强，具备设计、施工、科研、物资贸易、投资运营等多环节能力，具有公路、市政、房地产、水务环保、口岸经济和航空、金融等多领域产业，全产业链优势明显。重组后的集团被赋予三大新的历史方位：打造集"设计、技术研发、投资开发、施工建造、运营维护"于一体的完整产业链；成为具有核心竞争力的新型基础设施建设综合服务运营商；打造成为立足北部湾经济区、对接东盟、面向全球的千亿元龙头企业。

贺州至巴马高速公路（钟山至昭平段）是广西区内高速公路建设行业首段采用设计施工总承包模式和首段完整意义上采用区市共建模式进行建设的高速公路，它在推进建设"品质工程"和"绿色公路"各项工作上取得了大量卓越成就，是广西北部湾投资集团的标杆项目，它在各项管理工作上积累的丰富经验可供同行业参考、借鉴。

广西北部湾投资集团党委书记、董事长

前言

贺州至巴马高速公路东起世界长寿市贺州市，西至世界长寿乡巴马瑶族自治县，是广西高速公路网规划"6横7纵8支线"的"横3"，全长479公里，概算总投资约652亿元，其中，钟山至昭平段（以下简称项目）率先于2016年底开工建设。

项目由广西北部湾投资集团旗下全资子公司广西新发展交通集团投资建设，采用设计施工总承包模式与区市共建模式进行建设，这在广西区内高速公路建设领域均属首例。项目起点位于桂林至梧州高速公路与贺州支线相交的同古互通处，途经钟山、平乐、昭平三个县，与贺州至巴马高速公路（昭平至蒙山段）相接。主线路线设计里程为54公里，设计建设速度100公里/时；设计连接线3条，互通5处，服务区1处，概算总投资约58.26亿元，已于2019年9月底建成通车。

项目以"建设绿色高速、共享长寿密码"为基本理念，坚持以人为本的全寿命周期集成化管理思路，综合考虑工程建设与生态环境保护平衡发展，通过实施节能减排、永临结合、景观融入、服务共享等，全面打造绿色公路。

质量、安全、环保是工程建设永恒的主题。项目以建设"品质工程"为核心目标，针对前期规划设计构架以及施工阶段的安全、质量、进度、环保等各项工作，从创新技术应用和提高机械化程度、智能化程度等方面入手，全力将项目建成优质耐久、安全舒适、经济环保、社会认可的高品质工程。

项目建成通车后，拉近了广西桂林、贺州等东北部城市与广东、海南等东南部沿海省份的时空距离，缩短了贺州、梧州往来南宁等地的时间，有助于广西加快构建"南向、北联、东融、西合"新格局和更好更多地参与国家"一带一路"经济建设。

本书从设计施工总承包模式、区市共建模式、品质工程、绿色高速、交通+扶贫、交通+旅游、文化品牌等多个方面对项目建设管理进行诠释、总结。全书由冯学茂统稿，其中第2、5章由长沙理工大学韦慧撰写完成，第7章由长沙理工大学金娇撰写完成，其余章节由冯学茂、罗勇撰写完成。本书所涵盖的内容得到了广西新发展交通集团有限公司的指导和支持，在此表示诚挚的感谢！通过本书的出版，希望项目建设积累的管理经验可以为从事高速公路建设的企业提供有益帮助。

鉴于笔者水平有限且时间仓促，书中缺点和不足之处在所难免，恳请各位专家、学者和读者批评指正！

编　者

2019年9月于广西贺州

目录

第 1 章　设计施工总承包　/ 1

1.1　概念　/ 1
1.2　设计施工总承包模式的发展历程　/ 1
1.3　EPC 模式项目管理程序　/ 3
1.4　EPC 模式项目组织架构　/ 4
1.5　EPC 模式优势分析　/ 5
1.6　EPC 模式存在的风险分析　/ 6
1.7　EPC 模式风险的解决建议　/ 9
1.8　对 EPC 模式的美好展望　/ 10

第 2 章　区市共建　/ 11

2.1　概念　/ 11
2.2　区市共建模式的发展历程　/ 11
2.3　区市共建模式优势分析　/ 13
2.4　区市共建模式在施行中存在的一些困难　/ 15
2.5　解决措施分析　/ 17
2.6　前景展望　/ 19

第 3 章　全产业链优势　/ 20

3.1　概念　/ 20
3.2　全产业链模式重要意义　/ 20

3.3 广西北部湾投资集团全产业链模式分析 / 21
3.4 全产业链模式容易出现的共性问题 / 25
3.5 全产业链模式在钟昭高速运行中的不足之处 / 26
3.6 如何将产业链优势转化成价值链 / 28

第 4 章 品质工程建设 / 30

4.1 品质工程的基本理论 / 30
4.2 工程设计水平的提升 / 32
4.3 质量控制 / 35
4.4 标准化建设 / 50
4.5 精细化管理 / 64
4.6 建设智慧工地与"四新"应用 / 71
4.7 工匠精神 / 77
4.8 质量通病防治 / 81
4.9 安全管理 / 86
4.10 进度控制 / 107
4.11 品质工程软实力 / 114
4.12 地域文化融入 / 119
4.13 全寿命周期管理 / 122

第 5 章 绿色公路建设 / 126

5.1 基本概念 / 126
5.2 绿色公路内涵特征 / 127
5.3 政策理论依据 / 128
5.4 建设绿色公路的必要性 / 129
5.5 建设目标 / 130
5.6 建设绿色公路措施 / 131

第 6 章 "交通+扶贫"新路子 / 140

6.1 时代背景 / 140
6.2 "千人志愿服务、助力精准脱贫"行动 / 140

第 7 章 "交通+旅游"发展模式 / 152

7.1 "交通+旅游"产业融合发展的现状和趋势 / 152

7.2 "交通+旅游"融合发展的主要问题　／154
7.3 钟昭高速"交通+旅游"融合发展初探　／155
7.4 贺巴高速"交通+旅游"融合发展的建议　／160

第 8 章　队伍建设　／162

8.1 领导队伍建设　／162
8.2 员工队伍建设　／166

第 9 章　打造文化品牌　／173

9.1 保通车"一队一号"　／173
9.2 "六个一"文化建设　／179

第 10 章　建设服务型业主　／183

10.1 服务型政府　／183
10.2 服务型党组织　／183
10.3 建设服务型业主的意义　／184
10.4 建设服务型业主的要求　／185
10.5 钟昭高速建设服务型业主措施　／185

第 11 章　打造廉洁工程　／188

11.1 工程建设领域廉政风险分析　／188
11.2 工程建设领域廉政风险防范措施　／190
11.3 扎实推进党风廉政建设　／191

主要参考文献　／195

第1章 设计施工总承包

1.1 概念

设计施工总承包模式(EPC 模式)即建设单位作为业主将工程的设计、采购、施工发包给总承包单位,由总承包单位承揽整个工程的设计、采购、施工,并对所承包工程的质量、安全、工期、造价等全面负责,最终向建设单位交付一个符合合同约定的建设工程的一种承包模式。该模式是当前国际工程建设领域普遍采用的承包模式,也是当前国内建筑市场积极倡导、推广的承包模式。

贺州至巴马高速公路钟山至昭平段(钟昭高速)在广西区内高速公路建设领域首次采用了 EPC 模式。

1.2 设计施工总承包模式的发展历程

(1)国内发展历程

20 世纪 80 年代,EPC 模式在中国建筑行业刚刚起步,当时仅有中国建筑工程总公司、中国公路桥梁工程公司、中国土木工程公司等少数企业在中东、西亚地区开展业务。90 年代,EPC 模式逐渐得到发展,到 20 世纪末,累计完成 EPC 模式项目 540 亿美元,签订 EPC 模式项目合同金额达 750 亿美元。21 世纪头 10 年是 EPC 模式迅猛发展阶段,在国际金融危机影响下,该模式开始谋求转型升级。2013 年,随着"一带一路"概念的提出和逐渐落地展开,EPC 模式得到了系统化的战略性助推,实现了更加快速的发展。

(2)在钟昭高速的发展历程

2015年年初,广西路桥工程集团有限公司(广西路桥工程集团)和广西交通规划勘察设计研究院有限公司组成的联合体中标钟昭高速设计施工总承包项目。2015年12月,建设单位和承包人签订设计施工总承包合同,并于当月举行开工仪式。彼时,广西区内高速公路建设领域规模最大的EPC模式项目正式进入施工阶段。在建设过程中,业主、承包人通力合作,业主靠前指挥,提供优质服务,承包人严格按照合同条款履约到位,项目建设从未出现推诿扯皮现象。钟昭高速原计划于2019年年底建成通车,按照广西壮族自治区人民政府部署要求,并结合项目建设实际情况,提前于2019年9月底建成通车,实际建设周期不足4年。在整个建设周期内,EPC模式充分发挥了它的优势,使得项目质量、安全、进度、环保等各项工作均取得了较为理想的成绩。特别是质量、进度和环保工作在区内高速公路行业树立了标杆。继钟昭高速之后,融水至河池高速公路、贺州至巴马高速公路(都安至巴马段)、贺州至巴马高速公路(蒙山至象州段)、贺州信都至梧州高速公路先后采用了该模式进行建设。当前,EPC模式在广西北部湾投资集团得到了快速发展。图1-1为签订EPC模式合同照片。

图1-1 签订EPC模式合同

(3)法律政策依据

为加强与国际惯例的联系,克服建筑业传统"设计—采购—施工"相分离模式的弊病,我国现行《建筑法》第二十四条规定提倡对建筑工程实行总承包,禁止将建筑工程肢解分包。建筑工程的发包单位可以将建筑工程的勘察、设计、施工、设备采购一并发包给一个工程总承包单位,也可以将建筑工程勘察、设计、施工、设备采购的一项或者多项发包给一个工程总承包单位;但是,不得将应当由一个承包单位完成的建筑工程肢解成若干部分发包给几个承包单位。《建筑法》的这一规定,为EPC模式在我国建筑市场的推行提供了具体法律的依据。2003年2月13日,建设部颁布了《关于培育发展工程总承包和工程项目管理企业的指导意见》(建市〔2003〕30号),明确将EPC模式作为一种主要的工程总承包模式予以政策性推广。

2014年8月,《广西壮族自治区人民政府关于印发县县通高速公路建设工作方案的通知》(桂政发〔2014〕51号)指出:所有项目可采用多种模式及组合吸引社会资本或国有大型企业参与高速公路投资建设。EPC总承包模式就是其中之一。

1.3 EPC模式项目管理程序

按照工程建设实际情况,EPC模式项目管理程序大致可以分为筹备成立建设指挥部(或项目公司)→总承包项目招投标和签订总承包合作协议→监理工作招投标和签订监理工作协议。有时,这三个单项工作又可以不按照以上顺序进行。本书仅对总承包项目管理程序进行简要分析。

(1)项目启动阶段

该阶段工作主要包括策划组建项目经理部,任命项目经理,并准备项目对外所需的保函、税务外经证等文件。

(2)项目初始阶段

该阶段主要任务是进行项目实施策划及各项管理工作计划,具体确定各项业务工作目标;进行总承包合同交底,由项目经理部上级公司对项目业务管理目标提出意见或要求,项目部据此进行项目策划;上级公司与项目部签订经营目标责任状;建立生产生活场所,编写项目整体预算书、设计管理计划、资金使用计划等;与业主明确竣工资料实施细则及计量支付工作方案,编制项目施工组织设计方案报公司及业主审批。

(3)项目设计、采购及施工阶段

该阶段工作主要包括落实项目管理目标及初始阶段制订的各项计划,对项目管理各业务要素进行控制。项目部紧密结合设计、采购、施工三方面工作开展安全、质量、进度、环保及成本控制,紧密跟踪业务计划及项目目标的实现。上级公司通过对工程月报、工程季报及现场巡查进行监督和过程考核,对项目实施监控管理。

(4)项目试运行、验收及收尾阶段

按照设计要求完工后,报请业主单位进入工程预验收阶段,并开展竣工验收及移交工程资料工作,办理项目移交手续。项目收尾阶段要重点做好现场梳理和竣工结算,办理项目资料归档,进行建设工作总结、人员物资撤离和项目部解散申请。

1.4　EPC 模式项目组织架构

图 1-2 为贺巴高速 EPC 模式项目组织架构图。

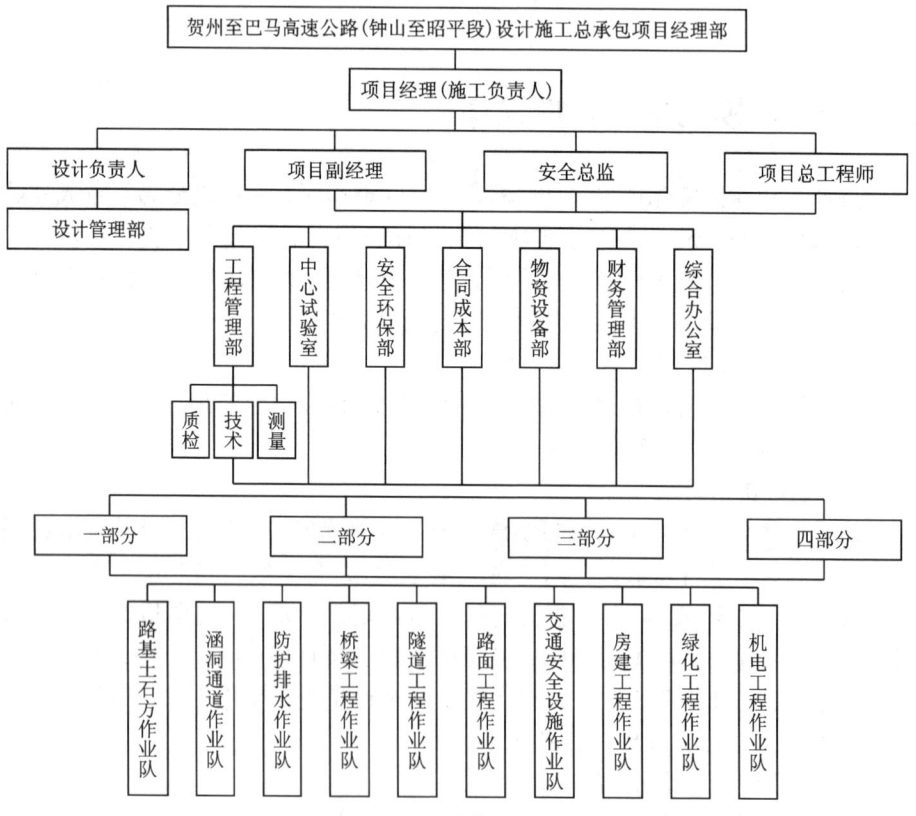

图 1-2　贺巴高速 EPC 模式项目组织架构图

1.5　EPC 模式优势分析

EPC 模式的优势主要有：

（1）有利于控制工程进度，缩短工期

钟昭高速开工以来在进度上取得的成绩充分体现了这个优点。EPC 模式能最大限度地实现施工图设计与施工的合理搭接，二者并行作业，能较为合理地安排工序，有利于缩短工期。采用 EPC 总承包招标模式，减少了施工图设计招标环节。据估算，钟昭高速最少节省了 6 个月以上的时间。

实例链接：2016 年年底，钟昭高速正式破土动工，到 2019 年 9 月底建成通车，建设周期不足 3 年，这在广西区内乃至全国高速公路建设领域，均属领先水平。业内人士曾用"贺巴速度"来形容钟昭高速的建设速度，非常形象。下面有组具体数据可以充分证明这一点：钟昭高速指挥部成立于 2015 年 12 月，到 2016 年 11 月完成 EPC 总承包合同签订，筹备期不到一年。在实质性开工阶段，从 2016 年年底正式进入施工至 2017 年年中，项目完成投资 49.7%，开工一年即完成总投资任务近半；2017 年 12 月，首段 400 m 20 cm 厚级配碎石垫层试验路顺利通过验收，主线全面进入路面施工阶段。此时，距离开工才刚刚一年时间。

（2）有利于提高工程质量，推进现代工程管理

广西路桥工程集团和广西交通规划勘察设计研究院共同组建总承包项目经理部，组成施工和设计管理人员，设计和施工单位紧密结合在一起，很好地解决了设计与施工脱节问题，减少了因施工错误引起的返工率和不熟悉图纸引起的质量问题，有利于充分发掘设计和施工的协作潜力。设计人员全程参与设备采购和施工质量控制，可以不断优化设计、及时调整设计方案、及时处理变更，从而提高设计和施工质量。在总价包干前提下，节约下来的钱全部是总承包单位的利润，受利益驱使，总承包单位会组合配置优势资源，投入人力、物力资源探讨和研究提高工程管理水平的方式、模式。

实例链接：据钟昭高速总工程师王万展介绍，高速公路边坡在设计阶段的地质勘查中并不能准确判断施工开挖后的地质揭示情况，通常设计单位会采用比较保守的防护设计方案，因此未能最大限度地优化边坡防护设计。钟昭高速得益于 EPC 总承包模式，边坡防护设计真正实现了"一坡一议"动态设计，即施工方对高边坡开挖一级，设计人员迅速进行一次现场勘查，按照实际地质情况选择最合理经济的防护方案，不但为边坡施工的进度、安全、质量保驾护航，也为高速公路建设节省了一定的投资。

(3) 有利于减少变更、节约投资、控制工程造价

钟昭高速采用总价包干的方式与总承包单位签订合同，招标文件规定：因施工图设计深度和质量问题以及不超过 500 万元的工程变更由总承包单位承担。EPC 模式风险划分合理，强调利益与风险对等，有利于激发总承包单位精心设计、精心施工，减少因设计变更、地质条件变化等引起的索赔。同时，为巧干快干，施工单位更加注重技术创新，"四新"对施工的推进作用明显。所以，EPC 模式对投资方和承包人来说，都起到了节约成本的作用，避免了超概的发生。据统计，钟昭高速共发生变更 339 项，其中正变更 241 项，变更金额 4604.4 万元；负变更 98 项，变更金额 2988.6 万元。

(4) 减少和根除设计、施工双方之间的推诿

在 EPC 模式下，设计、施工的责任主体成为一家，设计和施工作为一个合同进行管理，无论是设计还是施工上的错误，均由总承包单位负责。针对施工过程中出现的问题，由设计和施工之间内部协调解决，较少需要业主居中调解。

1.6　EPC 模式存在的风险分析

EPC 模式存在的风险有：

(1) 合理定价

钟昭高速采用固定合同总价模式，有利于业主确定工程投资总额，减少投资风险。总价包干模式下，承包人为追逐利益空间最大化，在标准化施工或规范化管理上不舍得投入，或者打管理擦边球，一旦监管不力，就容易出现质量、安全问题。

(2) 设计变更的管理

钟昭高速自开工至今，发生的设计变更总体较少。但因为高速公路项目一般建设周期较长，还具有不确定的风险因素如地质条件复杂、自然环境改变等，这对总承包单位的设计方案变更管理工作提出了更高的要求。表 1-1 为贺巴高速的变更清单列表。

表1-1 因地质条件、地形条件导致的变更清单

工程名称：贺州至巴马高速公路(钟山至昭平段)

序号	地点桩号	变更情况及原因说明	变更金额/万元
1	K14+800~K14+980	该段设计上不是挖方换填段落，现场挖到路床时，经试验室取样试验后发现该段路床顶以下范围为低液限黏土，CBR值不能满足96区填料要求，需换填处理。经监理、设计、施工三方代表现场实际勘查，决定挖除K14+800~K14+980段路床不合格土，进行软石(借方)换填处理，平均处理宽度为26 m，平均处理深度为1 m	+16.2
2	K4+820茅花冲改路	K4+820分离式立交改路设计桩号为GK0+000~GK1+089.972，原设计无特殊路基处理。现场施工时发现GK0+385~GK0+580段、GK0+980~K1+089.972段为软土地基，现场动力触探试验检测结果显示，该段地基承载力不能满足设计要求，为保证路基施工质量，需要进行软基换填处理，经监理、设计及施工三方代表现场勘查确认，拟将GK0+385~GK0+580段、GK0+980~K1+089.972段进行换填处理，平均处理宽度为10.5 m，平均处理深度为1.6 m，换填材料为借软石回填，具体工程数量以现场收方为准	+28.1
3	K54+050~K54+085	K54+050~K54+085左侧路肩挡土墙施工前对现场原地面放样结果与设计原地面不符，部分基础底设计高程高出实际地面高程，无法满足挡土墙稳定性的需求。经监理、设计、施工单位三方代表现场勘查讨论，拟用原地面放样结果重新设计挡土墙，再按新设计图纸施工以满足规范要求，保障挡土墙稳定性	+28.3
4	ZK33+140~ZK33+320	原设计ZK33+140~ZK33+320左侧为挖方路基，采用五级边坡防护，第一~四级边坡防护形式为锚杆格梁+厚层基材喷播植草，第五级边坡防护形式为厚层基材喷播植草，现场开挖后发现该段第三、四级边坡岩层较为完整，为强风化岩，且无破裂带，属于整体性较好的岩石边坡，可考虑将第三、四级边坡变更为厚层基材喷播植草的防护形式。经业主、设计、监理及施工四方代表现场查看后商讨决定：将ZK33+140~ZK33+320左侧第三、四级边坡变更为厚层基材喷播植草的防护形式	-73.0

序号	地点桩号	变更情况及原因说明	变更金额/万元
5	ZK32+300～ZK32+400	ZK32+300～ZK32+400原设计左侧为挖方边坡，采用四级边坡防护，防护形式为锚杆格梁+厚层基材喷播植草，现场开挖后发现该段第三、四级边坡岩层较为完整，为强风化岩，且无破裂带，属于整体性较好的岩石边坡，可考虑将第三、四级边坡变更为厚层基材喷播植草的防护形式。经业主、设计、监理及施工四方代表现场查看后商讨决定：将ZK32+300～ZK32+400左侧第三、四级边坡变更为厚层基材喷播植草的防护形式	-45.9
6	K34+240～K34+340	K34+240～K34+340段路基为高填方路基，路基坡脚至路槽顶平均高差达24.78 m，最大高差达43.18 m，最大坡长达68.38 m。由于该段填方路基填筑较深，坡脚靠外且较宽，无法收坡，采用新型材料泡沫轻质混凝土填筑可以减少放坡，使路基能完整连接。采用泡沫轻质混凝土可现场浇筑施工，与主体结合紧密，整体性能好，并且采用泡沫轻质混凝土施工进度快。将泡沫轻质混凝土填筑于斜坡之上，并开挖台阶填筑及设置微型钢管桩进行加固，可增大抗滑力及路基的稳定性。经业主、设计、监理及施工四方现场查看后商讨决定：K34+240～K34+340段路基采用泡沫轻质混凝土进行路基填筑	+499.1

(3) 总承包部作用的发挥

EPC模式在国外已经发展很成熟，但在广西区内还没有得到大规模推广，系统的管理经验尚未完全形成，还缺少能同时控制管理设计和施工单位的有较强综合协调能力的人才。钟昭高速总承包部不能将设计与施工很好地合为一体。设计和施工单位偶尔会出现扯皮现象，双方不能自行解决设计图纸与施工过程实际发生的矛盾，而只能依靠行文方式寻求指挥部协调，使得问题解决的流程复杂化，效率较低。

(4) 招标控制价的把握

总价包干适用于工程量不大、施工设计图完善、工期较短、技术不复杂、风险不大、能准确计算工程量的工程。当前广西北部湾投资集团内采用EPC招标的高速公路项目，根据批准的初步设计组织招标，规模较大。以概算确定招标控制价不尽合理，加上公路工程属带状物，露天施工，受天气、地质等多方面因素影响，风险较大、工期较长、技术复杂，这些因素都制约了招标控制价的合理确定。此外，总承包模式对投标单位的资质、业绩等条件要求较高，潜在投标人较少，缺乏竞争性，导致投标报价偏高。

（5）设计监控工作处于劣势

当前，包括钟昭高速在内的广西区内大多数EPC项目所采用的招标方式都是设计和施工单位组成联合体，但在实际招标工作中，设计方的设计费占比较少，风险相对来说也较小，从而导致设计方和施工方的利益和风险不均等。设计单位显得较为弱势，较难以有效保证对设计的监管工作。

1.7　EPC模式风险的解决建议

EPC模式风险解决建议如下：

（1）合理控制招投标价

EPC模式项目的招标价格不应过高也不应过低，需合理控制。若价格设定太高，则会脱离市场价值，导致不正当的竞争行为；若价格设定太低，中标人没有利益去追求，则会在建设过程中通过投机取巧牟利而影响工程质量。所以，招投标价应站在市场经济的角度，既不偏高，也给投标人留下一定的利益空间。此外，从钟昭高速建设的经验出发，建议签订总承包合同时预留一部分费用，作为对施工单位采用新工艺、选用新设备或在安全文明施工、品质工程创建上做出突出成绩的奖励。

（2）尽量完善初步设计

设计阶段的承包管理工作对于工程质量来说意义重大，总承包单位应当积极促进设计管理体系的完善和改进，避免设计和施工出现较大误差。加上前文提及的一些不可预知的地质条件、自然因素等的影响，不论是从控制投资成本还是提升工程质量、安全管理水平出发，都建议加大初期设计深度。

实例链接： 钟昭高速主线桩号K8+000~K8+200位于贺州市钟山县，该处在2016年年底清表施工时遭到钟山县环保局勒令停工处理，原因是主线路基下为砒霜场遗址，如继续施工将对周边环境造成污染，给沿线群众生活生产带来安全隐患。项目前期勘察设计时并未发现这一情况。砒霜场遗址处理工作持续数年，一直到2019年年中才得以解决，并且因此多耗用了1200万元建设费用。

（3）总承包单位要发挥作用

EPC模式是一个小业主的模式，工程建设指挥部对项目建设不应该管得太多、太死，要留够空间给总承包单位发挥主观能动性，推进工程创新。同时，总承包单位作为设计和施工的整体，对项目建设进度、安全、质量等工作负有全面责任。这就要求总承包单位必须将监督、管理责任充分承担起来。从钟昭高速建设管理情况来看，当前，总承包单位的力量还是过于弱小，无论是机构设置还是人员配置，都达不到充分发挥其作用的要求。对施工单位的管理，还是过于依赖指挥部。

1.8 对 EPC 模式的美好展望

EPC 模式在国外建筑市场已经发展成熟，近年来，在国内市场也得到了较为长足的发展，采用该模式是建筑工程发展的必然趋势。EPC 模式在广西北部湾投资集团内甚至是广西区内高速公路建设行业首次被采用，在钟昭高速的进度、质量、安全、环保、投资成本控制等各方面都展现出了优势，充分证明了它的生命力。尽管现阶段该模式还存在一些不足，但伴随着该模式的不断应用和发展，问题会渐渐得到解决，其优势和特点将会得到更多人的关注和认可，从而赢得更加广阔的发展前景。

第2章 区市共建

2.1 概念

区市共建即在广西高速公路建设行业内,由广西壮族自治区人民政府授权承担业主职责的广西北部湾投资集团(或其他公司)与地方市(区、县)级人民政府签订共同建设协议的一种高速公路建设投融资模式。按照协议约定,地方政府负责征地拆迁工作和费用,并出部分资本金,其余建设资本金由广西北部湾投资集团自行筹措并以申请自治区财政补贴的方式承担。区市共建核心是高速公路建设投融资模式的创新改变。

2.2 区市共建模式的发展历程

区市共建模式的发展历程为:
(1)国内发展历程

笔者查阅大量文献和采访较多位业内建设者发现,区(省)市共建模式不同于EPC总承包模式那样有大量学者对之进行研究,相反,区(省)市共建模式在学术界受到了一定程度的冷落,所以基本无资料可考。但在现实公路建设行业,该模式频频"亮相"。"十二五"以来,中央政府加大对基础产业的投资,地方政府为加快经济发展,加大了对国省干线公路建设的力度。一些省份大胆创新、勇于改革,积极破解公路建设管理中的体制机制障碍,通过整合机构、加强监管、落实责任、建养分离等方式,形成了区(省)市共建共管新机制。

2012年9月,广东省在召开全省高速公路暨县县通高速公路推进会后,实行省市共建模式,由省组织实施的高速公路项目原则上都要实行省市共建的"双业主制"。

2014年11月,甘肃省交通运输厅与武威、天水、酒泉、张掖、金昌市政府签订了甘肃省市共建协议,以地方政府为主,组织实施总里程1413公里、总投资528亿元的10个公路建设项目,这标志着"省市共建、以市为主"的国省干线公路建设模式在甘肃省正式确立。

在高速公路领域,比较典型的采用省市共建模式进行建设的项目有广东揭阳至惠来高速公路(两英至榕城段)、宁莞高速至沈海高速连接线和广东云浮罗定至茂名信宜高速公路。

(2)在钟昭高速发展历程

广西区内高速公路建设行业,较为早期又具有代表性的"区市共建"项目可以拿梧州至柳州高速公路来例证。不过梧州至柳州高速公路也还不是彻底的"区市共建"模式,当时建设单位与梧州、柳州两市签订的共建协议只约定"地方政府负责永久性用地征用、房屋结构物拆迁、杆线拆迁及过程协调等相关工作,征地拆迁费用中超出部分由沿线各市、县、区负责及时筹措解决"。

2015年6月18日,广西新发展交通集团与贺州市政府签订共建协议;2016年5月10日,与桂林市政府签订共建协议。协议就钟昭高速建设约定:地方政府负责资本金的20%,剩余80%由广西新发展交通集团筹措并申请概算10%的自治区财政补贴;项目征地拆迁工作和全部费用由地方政府负责。

截至目前,合同双方针对约定内容都实现了较为顺畅和饱满的履约,钟昭高速建设推进速度快,能超前完成全部投资任务很大一部分归功于"区市共建"模式优势的良好发挥。图2-1为签订区市共建协议照片。

图2-1 签订区市共建协议

(3) 政策依据

"十二五"以来,广西壮族自治区党委、人民政府大力实施交通优先发展战略,加快高速公路建设,取得了良好成效。新形势下,需要继续大力推进县县通高速公路建设,以有利于全区实现扩投资、稳增长、惠民生。按照自治区人民政府规划,到2020年年底,全区高速公路总里程将突破8000公里,形成"6横7纵8支线"的高速公路网络,实现全区所有县(市、区)高速公路通达。《广西壮族自治区人民政府关于印发县县通高速公路建设工作方案的通知》(桂政发〔2014〕5号)文件明确指出要创新投资体制,自2015年开始,对新开工项目推行区市共建模式。由相关设区市、县(市、区)人民政府负责解决征地拆迁及其费用;根据项目建设需求及地方受益情况,相关设区市、县(市、区)人民政府承担项目资本金不超过20%的投资,具体比例按项目投资效益情况确定;自治区人民政府按项目投资额不超过10%的比例安排补助资金,补助资金采取直接注资或整合相关资产、资源等方式落实。

2.3 区市共建模式优势分析

钟昭高速是广西区内高速公路建设领域真正意义上首段采用区市共建模式进行建设的项目,经过3年建设实践,该模式向我们展现了较多其他建设模式难以匹敌的优势。

(1) 创新投资模式

拉动经济发展的三驾马车分别是投资、出口和消费,而投资又居于首位。2008年,全球金融危机导致全球经济出现下行趋势并不断加剧,从此,"保经济增长"成为各国政府经济工作的主基调。经济下行是指衡量经济增长的各项指标都在不断降低,比如GDP、PPI、CPI等,也就是经济从增长趋势变成下降趋势。2019年3月5日,国务院总理李克强在做政府工作报告时指出,2018年,国内经济下行压力加大,消费增速减慢,有效投资增长乏力。2019年5月25日,清华大学五道口经融学院院长张晓慧分析指出:国内经济下行压力加大。

一方面需要扩投资、稳增长,另一方面又面对资金缺口越来越大的困局,如何有效解决资金困难,加快推进高速公路建设,急需创新投资模式。这时,区市共建模式应运而生。之前,非国家高速公路网系列的高速公路项目,资金来源主要依靠自治区财政补贴一部分,剩余部分全部由建设单位自筹,融资困难、压力极大。在区市共建模式下,除可申请自治区财政补贴外,征地拆迁费用及不超过20%资本金由地方政府出,剩余部分则全部由建设单位负责筹措,很大程度上破除了建设单位在资本金筹集上的困境。

(2)分散投资风险

当前,广西区内负责高速公路投资建设的国有企业主要是广西北部湾投资集团和广西交通投资集团。只要是企业就要自负盈亏。高速公路收费用于建设单位借贷还息,收费总量与通车车辆紧密相关,可并不是所有高速公路都能车水马龙。一旦入不敷出,建设单位就将面临收费达不到还息的困境。区市共建模式下的高速公路项目,资本金由自治区人民政府、设区市(县、区)和国有企业三方负责,这有利于分散投资风险,激活和壮大企业发展能力。

(3)加快征地拆迁

征地拆迁一直是影响高速公路建设的"拦路虎",但区市共建模式下的钟昭高速,这只"拦路虎"被一拳击毙。为快速推进征地拆迁工作,贺州市、桂林市、钟山县、平乐县、昭平县分别组建了贺州至巴马高速公路(钟山至昭平段)工程建设指挥部。2016年3月,主线征地开始放线,至5月底全部完成;同年6月开始土地、地上构筑物、附着物丈量和公示、支付,至2016年年底,各地方政府交付土地达到了80%。这为项目在2016年年底正式进入施工阶段提供了最直接的基础保障。其优势主要体现在:

1)地方政府角色的转变。

在以往其他模式下,地方政府在项目建设中扮演的是配角,建设单位委托地方政府开展征地拆迁工作。一方面,征地拆迁款需由建设单位拨付,地方政府无法决定款项数额、时间;另一方面,面对补征地时,从群众诉求到地方政府确认再到建设单位确认,流程多而烦琐,耗费时间长。这些都不利于推进征地拆迁工作。在区市共建模式下,地方政府从配角转变成主角,成为高速公路的建设单位。设计内用地按照流程办,设计外用地按照实际情况办,少了中间环节,效率一下子提升起来。

2)组织保障。

广西壮族自治区《县县通高速公路建设工作方案》(以下简称《工作方案》)指出:成立自治区推进县县通高速公路建设攻坚战领导小组。这个由自治区人民政府主要领导任组长,分管领导任副组长,自治区发改委、财政厅、交通运输厅等各厅、局负责人担任成员的领导小组多次深入项目调研指导。其中,自治区人民政府副主席费志荣,交通运输厅副厅长陆晓明、梁毅、王劼耘等多次到钟昭高速调研。《工作方案》进一步明确各市、县(市、区)人民政府工作职责,其中,贺州市委书记、市长、副市长,昭平县委书记经常深入钟昭高速建设现场,实地解决征地拆迁难题。

3)一套完整的绩效考核和督查检查标准。

以往其他模式下，建设单位委托地方政府开展征地拆迁工作，既不能对之进行考核，更无权对之进行督促。《工作方案》指出：建立交通项目建设目标管理责任制，建立信息报告制度、情况通报制度和联合督查制度，完善考评机制。至此，县县通高速公路项目推进快不快、好不好，成为衡量地方政府工作负不负责、高不高效的标准。在钟昭高速，每年年底，市、县、乡镇三级地方政府相应的上一级考核小组都会到指挥部核实征地拆迁推进情况，并以此为据进行考核打分。

4）群众对政府的依赖度和信赖度提升。

党的十八大以来，随着反腐败"打老虎""拍苍蝇"工作的持续深入和脱贫攻坚战的持续推进，实现伟大中国梦越来越被期待和深入人心。人民群众对政府的依赖度和信赖度逐渐提升并达到一个空前的高度。这也给征地拆迁工作提供了便利。笔者进入高速公路建设行业已经 10 年，接触征地拆迁工作已经 8 年，经验告诉笔者，征地拆迁款不到账，地一分都不能动，谁调解都没用。钟昭高速打破了这个局面，一旦量完地，机械就可以进场施工。政府说话算话，群众对此很放心，坚信征地补偿款迟早会到账。

实例链接：黄燕萍是昭平县昭平镇村民，家里 1.2 亩山地和 0.85 亩水地位于钟昭高速主线内，2016 年 6 月，土地被昭平镇工作组测量和公示后，她就同意施工机械进场清表了。"国家富裕了，政府有钱给。村里那么多贫困户每个月都能拿到补助金，我这点应得的土地补偿款他们会不给？我相信政府。"黄燕萍这样告诉笔者。她的话很朴实，很真实。

(4) 促进企地联建

区市共建模式下，企业和地方政府都是建设单位，地方政府在高速出入口、服务区及其他构筑物外观形象上，拥有比以往更多的主动权和话语权。昭平县茶文化底蕴浓厚，昭平红茶享誉全国，昭平县政府建议在昭平隧道出入口墙体上绘制采茶女形象。钟昭高速指挥部采纳了这一建议。企地联建还体现在推进脱贫攻坚方面：钟昭高速指挥部组织各参建单位通过捐资助学、知识下乡、提供就业等形式支持沿线政府打赢脱贫攻坚战。3 年来，共计为沿线群众提供就业岗位 300 余个，为边远贫困学校捐赠物资折合人民币近 50 万元。

2.4　区市共建模式在施行中存在的一些困难

区市共建模式在施行中存在的一些困难有：
(1) 地方政府资本金拨付
按照区市共建协议约定，地方政府承担征地拆迁工作和费用，并出 20% 资本金，这是一笔不小的费用。在钟昭高速建设中，昭平县须出资本金1.4864亿元，钟山县是0.913亿元，平乐县是0.514亿元。受经济发展水平不平衡、不充分影响，部分县（区）征地拆迁费用和资本金到位及时、充足，部分县（区）则会出现拖欠现象，以致红线内土地在丈量和公示后因无钱支付迟迟不能交给施工单位。钟昭高速途经的贺州、桂林两市和钟山、平乐、昭平三县资本金已经基本到位，但据笔者调查，贺州至巴马高速公路（蒙山至象州段）和融水至河池高速公路就出现了不同程度的地方政府资本金到位慢的现象。

(2) 地方政府对区市共建协议内容的理解和把握

区市共建模式在广西高速公路建设行业推行时间不长，采用该模式进行建设的项目也不多，很多地方政府对这种模式不熟悉，在对内容的理解和把握上存在或多或少的偏差。一些负责征地拆迁的地方政府职员已经习惯以往的建设模式，对于他们自己也是建设单位主人翁的观念暂时还没有建立起来，部分人员一直扮演着协从的角色。

实例链接：《森林植被恢复费征收使用管理暂行办法》规定：凡勘查、开采矿藏和修建道路、水利、电力、通信等各项建设工程需要占用、征用或者临时占用林地，经县级以上林业主管部门审核同意或批准的，用地单位应当按照本办法规定向县级以上林业主管部门预缴森林植被恢复费。在非区市共建项目中，该费用由承担业主职责的企业缴纳；而在区市共建项目中，该费用则由地方政府承担。但部分地方政府认为谁破坏，谁负责。森林植被恢复费应当由施工单位或业主单位负责，而不应该由地方政府负责。因此，该费用在缴纳过程中遇到了不小的阻力。

(3) 施工单位观念的转变

按照区市共建协议约定，地方政府对征地拆迁工作和费用负总责，包括处理在施工过程中遇到的各类与征地拆迁有关的矛盾纠纷。可是在钟昭高速建设过程中我们发现，总承包单位中的施工单位没有将观念及时转变过来，在处理征地拆迁矛盾纠纷时，还是单向依靠指挥部协调地方政府解决，走的是"发现问题→施工单位→指挥部→地方政府→处理问题"这个老路子。在过去的建设模式中，征地拆迁费用由指挥部负责，地方政府只在征地拆迁工作中起到具体负责的作用，这时，施工单位单向依靠指挥部处理征拆矛盾是完全正确的。在区市共建模式下，施工单位将问题反映到指挥部，因指挥部无权决定费用支出，所以又必须将问题全盘转交给地方政府，多了一个中间环节，增加了管理的时间成本。

(4) 建设过程中遇到的一些普遍性问题

不论在何种模式下，高速公路建设都会遇到一些普遍性的问题。比如：土地报批中涉及的林地、农保地，高压电力杆线迁移，房屋拆迁，国防光缆改迁等。这些问题解决流程多、耗费时间长、影响范围大。

2.5 解决措施分析

(1) 双向投资

地方政府对资本金的出资力度，与其经济发展水平直接相关，而地方的经济发展水平是承担业主职责的企业无法左右的。面对部分地方政府资金困难的问题，除政府本身采取多种方式进行融资外，广西新发展交通集团（或承担业主职责的同行业其他企业）或许可以采用以投资换投资的方式，帮助地方政府破除资金短缺困局。比如：土地收储、开发旅游资源或投资其他产业与地方政府进行等价交换。

实例链接：昭平县属国家级贫困县，常住人口少、实体经济支撑单调匮乏，但与之相应的是土地价格低。钟昭高速 2015 年进场时，昭平县城沿桂江一带土地每亩拍卖价为 40 万元。当时，广西新发展交通集团可购买土地进行收储，这样既是对昭平县经济发展的投资，也换种方式解决了昭平县出资钟昭高速的资金难题。事实证明，随着高铁的规划和钟昭高速的实际建设，4 年来，昭平县沿桂江一带土地价格呈现直线上涨趋势，到 2019 年，每亩拍卖价为 240 万元。此外，昭平县旅游资源、水资源丰富，也可考虑采用"交通+旅游"的模式开发其旅游资源和水资源。

(2) 主动出击

指挥部工作人员必须首先"熟读、吃透"区市共建协议，明确与地方政府责任划分，一切工作围绕共建协议展开。在与地方政府就征地拆迁和出资工作开展对接的过程中，指挥部要主动对其工作人员进行引导和说明，加深其对共建协议内容的理解和把握。钟昭高速自进场以来，与沿线贺州市、桂林市，昭平县、钟山县、平乐县征拆、国土、林业、交通等部门均建立了良好的合作关系，确立了与政府部门的消息通报制度，实现了工作定期交流、问题一起解决的工作模式，指挥部与地方政府组成了"命运共同体"。

实例链接：《工作方案》指出，建立信息报告制度、情况通报制度和联合督查制度。钟昭高速及时抓住这一政策优势，与各市县建设指挥部达成一致意见，将征地拆迁工作信息制成简报，定期发送至上级政府或上级政府主管部门，形成了自下而上反馈信息、自上而下解决问题的信息报送和处理制度。自开工至今，项目累计报送简报 121 期，第一期简报列举问题 120 余条，到 2019 年 2 月，列举问题仅剩下 8 条，其他的都逐一得到了解决。信息简报制度的建立，为推进征地拆迁工作起到了关键性作用。

(3) 对于解决普遍性问题的一些反思

1) 林地报批。

林地报批应及早介入，掌握流程重点。林地报批具有涉及单位多、资料多、程序繁复的特点，根据区市共建协议，业主方主要承担资料收集、配合申报工作，申报的主体为地方政府。但一方面地方政府负责征拆的工作人员缺少如施工单位那样对推进工程的紧迫感，另一方面他们本身工作烦琐，导致无法对报批手续及时处理。这就要求指挥部在申报之前对需要准备的资料和流程有全面了解并提前通过各种途径与林地审批人员接触以获取相关信息。

建议提前联系县级或以上国土局耕保科（股）、林业局林政科（股），获取申报资料清单；加强与负责申报人员沟通，跟进资料核对和方案设计工作；对一些无法在本层级解决的问题积极寻求上级协助；主动承担一些力所能及的工作，如协助地方国土部门把报批工作承包给国土规划院这样的专业机构，以提高报批效率。

林地报批难的问题主要集中在林地指标落实难、资料组织时间长等方面。指标问题须由自治区层面统筹，非指挥部层面可以解决，但需要得到集团公司的大力支持，通过集团与林业厅对接，争取指标。关于林地报批指标，在今后的项目中，建议公司提前谋划，在每年年初就把本年度的用地指标计划提交集团公司。向林业厅提前争取承诺，将快速解决公司项目的用林指标问题。

2) 杆线拆迁。

按照区市共建协议，杆线迁移由地方政府负责，但其工作人员一般为非专业工作者，对图纸不熟悉、看不懂。对此，指挥部不能等靠，须主动介入，指派专业人员为其解释图纸和线路。高压电力杆线迁移工作涉及面广、费用大、工作烦琐，在一些需要优先拆除的部分，施工单位应从大局出发，主动承担一部分工作，以确保施工进度。杆线迁移工作中的停电时间安排也比较困难，这方面建议最好提前协调市级政府出面解决，不应在县级或以下政府部门花费过多时间。

3) 办事留痕。

与地方政府处理征地拆迁工作过程中，需做到办事留痕，形成闭环管理。因为征地拆迁涉及的情况较为复杂，并且各级政府办事人员的思想站位不同，会导致较多"空口承诺"现象发生。在工作中办事"留痕"不仅有利于开展征拆工作，也可在发生纠纷时分清责任。办事留痕是指重大会议的纪要、重大事项通知、函等相关文件、书面材料和图纸在移交时须签认。

2.6 前景展望

区市共建模式在钟昭高速推行顺利,该模式具有融洽企业与地方政府关系、企业与地方群众关系,可极大程度上促进征地拆迁工作和减轻投融资压力、分散投资风险等。钟昭高速能将通车时间从2019年年底提前至9月底,区市共建模式功不可没。当前,广西新发展交通集团投资建设的贺州至巴马高速昭蒙段、蒙象段、象来段以及融水至河池高速、信都至梧州高速都采用了区市共建模式。

第3章
全产业链优势

钟昭高速取得成功的第三大因素是得益于广西北部湾投资集团拥有全产业链优势。全产业链优势下,项目建设在设计、施工、运营全过程和安全、质量、进度、环保各领域及材料、设备、技术、人员各因素上得到了良好融合,各因素以最佳状态贡献项目全寿命周期管理,使得项目各项工作在整体可控范围内实现了良性运行。

3.1 概念

全产业链模式也就是过去常说的"一条龙"经营模式,是以"研、产、销"高度一体化经营理念为主导的商业模式,它将传统的上游原材料供应、中游生产加工、下游市场营销全部纳入了企业高度掌控之中。需要注意的是,全产业链模式并非指每个环节都完全自己做,而是做到每一个重要环节都能完全掌控和拥有自主性。

3.2 全产业链模式重要意义

社会经济发展越来越快,社会分工越来越细,专业化越来越强,产业链条也就越拉越长。产业链条延伸是一种资源,它体现了产业集聚的规模效应。每一个企业在当前条件下都不可能在产业链条的所有环节上做到最优,只能是在某一个或者几个环节上具有优势。产业关联性越强,产业链条越紧密,资源的配置效率也就越高。企业通过产业价值链的整合,企业不同优势环节相联系,可以使产业价值链上的各个环节达到最优,进而使企业产业价值链整体最优。

同时，基于产业价值链的资源整合，可以有效降低产品在设计、生产、包装、流通、库存、销售各环节的协调成本，进而获得成本领先优势。

3.2.1 全产业链企业特征

1）有一个完整的产业链，能往上下游延伸，产品附加值高，上下游资源配置平衡，创新与品牌打造贯穿企业管理整个工作和企业发展过程始终。

2）在某一时期或企业发展的某一阶段，为着同一个目标设计多环节、多品类、多功能有机结合的、整体运作的组织。

3）一项产品或服务，对从源头到终端的每个环节都进行有效管理，对关键环节进行有效掌控。各环节相互衔接，产业链贯穿企业发展整体脉络。

4）在同一时期，不同产品线之间的相关功能可以实现整合或战略性有机协同，不搞单兵作战。

3.2.2 全产业链模式优势

1）全产业链模式是对企业传统经营模式的延伸，能统筹兼顾已有的产业规模、竞争态势和未来发展空间，合理布局和巩固企业设计、生产、存储、物流、销售等各环节资源，不断发展和扩大企业规模，提高市场竞争力。同时，随着经营模式的多样化，企业发展面临的风险将逐渐降低。

2）全产业链的终端是产品，产品的直接联系人是消费者。消费者的需求和喜好通过市场信息反馈给企业，企业通过调整计划、生产方式实现生产与消费的有效连接，促使企业实现科学管理和高效经营。

3）通过规模化的设计、生产、储运、销售，推动企业产品由初加工向精深加工转变，提升产品的附加值。传统发展模式的单一性决定了企业很难避免因竞争对手或合作商占据某个环节而陷入被动局面的情况，全产业链发展模式则能有效避免受制于人。

4）全产业链模式有着缜密完善的制度和流程，可以对源头、过程、终端等各环节进行严格控制，消除安全隐患和不稳定因素，建立从终点可追溯至起点的安全管理体系，确保产品稳稳占据市场份额。

3.3 广西北部湾投资集团全产业链模式分析

2018年9月，按照自治区党委政府部署要求，广西北部湾投资集团和广西新发展交通集团进行战略性重组，重组后的广西北部湾投资集团迈进千亿级企业行列，挺进"中国企业500强"。集团具备设计、施工、科研、物资贸易、投资运营等多环节能力,具有公路、市政、房地产、水务环保、口岸经济和航空、金融等多领域的产业,全产业链优势明显。重组后的广西北部湾投资集团,被赋予三大新的历史方位:打造集"设计、技术研发、投资开发、施工建造、运营维护"为一体的完整产业链;成为具有核心竞争力的新型基础设施建设综合服务运营商;成为立足北部湾经济区、对接东盟、面向全球的千亿元龙头企业。

2019年年初,集团公司召开党代会、职代会和工代会,提出了"一三四五"总体思路和宏伟蓝图。"一三四五"总体思路是对集团公司全产业链优势的完整诠释,其中,全产业链优势又集中体现在"五商北投"方面(这里单独分析"五商北投")。

3.3.1 "五商北投"的定义

"五商"指交通基础设施投资建设运营商、城市综合开发运营商、贸易物流投资运营商、水务环保投资运营商、跨境金融服务提供商。

(1)交通基础设施投资建设运营商

积极承担自治区政府赋予的投资任务,创新投融资模式,充分发挥集设计、技术研发、投资开发、施工建造、运营维护于一体的全产业链优势,打造"北投模式""北投品质"品牌影响力,成为区内领先、国内一流的交通基础设施投资建设运营商。

(2)城市综合开发运营商

依托交通基础设施投资建设,以产城投资板块为基础,以综合体为主线,积极探索"路产城"一体化发展优势,逐步形成并完善城市综合开发的完整产业链,打造成为规划、投融资、基础设施建设、房屋建筑工程、资产运营"五位一体"的具有交通特色、区内领先的城市综合开发运营商。

(3)贸易物流投资运营商

充分发挥"水、路、空、边"战略物流支点优势,大力发展边贸产业与现代物流,按照"口岸开发—加工园区—建设平台—产城融合"模式,统一规划和建设全区主要边境口岸,逐步形成边境口岸全产业链,构建集聚广西沿边、辐射全国、连通东盟的物流大流通立体网络,打造成为全国极具区域特色的贸易物流投资运营商。

(4)水务环保投资运营商

以做强做大水务环保产业为核心,打造集产业投融资、规划设计、设备制造、工程建设、运营服务于一体的完整产业链条,提供涵盖原水、自来水、管网建设、污水处理、城市环境综合治理、生态环保的综合服务解决方案,构建业务多元、全产业链的"大环保"平台,不断提升"北投水务环保"的市场竞争力和品牌影响力,成为区内领先、国内一流的水务环保投资运营商。

(5)跨境金融服务提供商

以实体产业为依托,紧抓广西建设面向东盟的金融开放门户政策机遇,不断培育和壮大金融业务,促进产融结合,增强创新基金市场化运营能力,充分发挥产业基金服务政府和集团公司主业的功能;以沿边金融为切入点,逐步介入边境银行、边境贸易结算等区域特色业务,推动小贷业务向供应链金融模式转型,构建具有鲜明跨境特征的金融创新生态圈,打造成为聚焦北部湾经济区、对接东盟的广西最具竞争力的综合跨境金融服务提供商。

3.3.2 "五商北投"的特点

(1)首先是一个"商"字

市场经济条件下,国有企业努力成商,在商言商,天经地义,完全符合国家经济体制改革的精神。"一商"足矣,为什么是"五商"?所有的"商"都是目前主业的自我完善和提升发展,都是依托于交通基建全产业链的平移延伸,跨度并不大,不是推倒重来、不是另辟蹊径,反映了集团公司改革发展的坚实基础和强大动力。

(2)立足主业

商业模式的创新和结构调整,是立足主业,源自传统产业。打造"五商北投",不是对传统主业、基础产业的忽略,而是顺应改革发展大势的历史继承和创新提升。

(3)各"商"都有具体目标任务

1)交通基础设施投资建设运营商以发挥全产业链优势为重点,要达到区内领先、国内一流。

2)城市综合体开发运营商以提供"规划、投融资、基础设施建设、房屋建筑工程、资产运营"五位一体的"城镇化一体解决方案"、打造若干个具有品牌示范效应的"锦绣城""凤景湾"为主要标志,目标是交通特色、区内领先。

3)贸易物流投资运营商以"口岸开发—加工园区—建设平台—产城融合"模式为主攻方向,重点是打造区域特色。

4)水务环保投资运营商以提供涵盖原水、自来水、管网建设、污水处理、城市环境综合治理、生态环保的综合服务解决方案,打造业务多元、全产业链的"大环保"平台,达到区内领先、国内一流。

5)跨境金融服务提供商以实体产业为依托,需构建具有鲜明特色的金融创新生态圈,目标是聚焦北部湾经济区、对接东盟、成为广西最有竞争力的跨境金融提供商。

(4) 强调"融合"

强调产业融合、板块融合、技术融合、文化融合。"五商"是在全集团资源层面提出的，具体到每一个子公司，不必照抄照搬，没必要个个都做成"小五商""各自成商"。正确的方式是发挥自身优势，找准定位，与集团公司、与各兄弟子公司融合发展、共同成商。

3.3.3 打造"五商北投"的必要性

(1) 集团公司战略升级的需要

当前，企业面临的综合环境发生了"四大变化"，即集团公司的地位和作用发生了变化，市场发生了变化，业主情况以及需求发生了变化，同行业竞争对手发生了变化，这是外因；战略性重组所释放的聚变效应正在逐渐减弱，并有可能带来某种程度上的负效应，老问题还没解决、新问题已有苗头，这是内因。这就要求，一方面客观认识企业当前所处的这个阶段及其内涵本质，继续全面发掘支撑集团公司平稳较快发展的综合潜力，进一步释放重组改革带给企业的发展红利，解决"重组的烦恼"；另一方面针对内外变化，强化顶层设计，实现组织再造和管理提升，将产业链转变成价值链。只有这样，才能打破天花板，进入新天地。

(2) 集团公司高质量发展的内在要求

集团公司还有相当一部分的业务仍处在低端市场，竞争非常激烈，再增长已经触碰到天花板；同时，集团公司虽然积聚了较大的产业规模优势和全产业链优势，但大多数业务单元仍处在单打独斗、单兵作战的状态，尚未形成价值链条，一些高附加值的领域没有得到很好挖掘，亟待构建与整体利益最大化相一致的完整产业配套体系。打造"五商北投"，就是通过再改革、再创新，通过组织再造，通过资源整合和业务重组实现一体化发展。

(3) 顺应行业发展规律和国有资本投资公司试点改革潮流的必然选择

按照行业发展规律，基建企业都是按照"劳务分包—工程承包—总承包—投资发展—资产运营"的发展路线，分阶段一路走过来的，都是走了"承包商—投资发展商—运营商"的路子。广西北部湾投资集团也同样需要走这条路。同时，在新一轮国企改革大潮中，集团公司被广西壮族自治区确定为全区第二批国有资本投资公司试点改革的企业。这必将带来集团公司产业形态、企业形态、组织形态的重大变化，必将推动集团公司质量变革、效率变革、动力变革等系列重大变革。打造"五商北投"，是遵循规律、顺应潮流，是对集团公司多年发展成果的继承创新，是对集团公司现有产业板块领域的整合升级，是对集团公司现有价值链条的重组再造，是涉及企业生产经营整个体系和各个环节的系统工程。只有这样,才能创造新红利,实现新发展。

3.3.4 广西北部湾投资集团全产业链特点

(1)产业链清晰完整

广西北部湾投资集团具备完备的基建产业链,集设计、技术研发、投资开发、施工建造、运营维护于一体,业务涵盖公路、市政、房地产、水务环保等多个基础设施领域。以交通基础设施产业链为例进行考察,我们可以看到,价值链:勘察设计—工程施工—贸易物流—维修安装—交付业主。企业链:设计企业—施工企业—物流贸易企业—养护企业—业主。供应链:企业之间表现为上下游业务对接关系,互相提供服务。空间链:企业和项目基本都集中在区内,企业与企业、企业与项目之间空间距离较短。从这可以看出,广西北部湾投资集团是基建领域涉及专业最广、业务种类最多、产业链最完整的企业。

(2)产业链很灵活,能合也能分

链上的每一个单元都是独立的市场主体,都具备较强的价值创造能力,都可以独树一帜、独当一面。在特定的条件下,单一链条也能牵引全产业链发展。

(3)产业链既"长"又"散"

"长"是指由于业务分工较细,致使业务链、企业链拉长,从最前端延伸到最末端;"散"是指链上的各企业之间缺乏紧密的联系。这种模式的优点是,各个环节相对独立,企业发展呈现出一种"东方不亮西方亮"的状况;缺点是,独立式的生产不利于整合企业内、外资源,不利于整体产业链价值的最大化。

从以上就可以看出,广西北部湾投资集团客观上具备产业链完整的优势,但是这种优势在市场活动中还没有充分发挥作用,还没有形成风险共担、利益共存、互惠互利、共同发展的经济利益共同体关系。

3.4 全产业链模式容易出现的共性问题

(1)产业链狭窄短平

当前,市场发展多元化、高质量化,因企业特色产业链短缺,品牌产业链不够长,导致产品不能较好适应市场发展需要。全产业链模式要求上游设计(或原材料)、中游生产(或加工)、下游产出和销售三个环节无缝衔接,才能充分发挥该模式的优势,但部分企业受规模或资金限制,总有某个环节发展滞后或者说总把主要精力放在某一个环节上,导致产业链脱节。产业链狭窄的另一个结果是产品的附加值低。

(2)产业链脆弱抗风险能力差

一方面,受体制或政策影响,地方保护主义狭隘地认为自己的领域不允许别的产业涉足,而他本身又没有能力发展全产业链,最终导致有能力的企业即使参与了该领域的市场,也迟迟不能站稳脚跟,使产业链被人为撕断,这方面的根源体现在利益的分配上。另一方面,产业链的深化和稳定要求产业链信息的深化和稳定,但就目前来看,有些企业的产业链信息化程度较低,受保护各自利益观念影响,信息不能实现良好共享和互通有无,加之诚信问题,加大了产业链各交易环节的管理成本。

(3)产业链组织衔接程度低

全产业链模式下,必然有生产各自领域产品的不同组织(分子公司),或出产设计理念,或出产加工设备,或负责仓储运输,或负责销售推广,从整体来看,各个环节的最终利益是一致的,但分开来看,不同组织(分子公司)又有自己的如意算盘,这就不可避免出现或多或少的各自为政现象,最终阻碍了全产业链模式优势的发挥。

3.5 全产业链模式在钟昭高速运行中的不足之处

(1)物资供应方面

钟昭高速交安、绿化分项工程由广西北部湾投资集团下属全资子公司广西交通设计集团承接,机电分项工程由广西北部湾投资集团旗下全资子公司广西交通科学研究院承接,交通设计集团和交科院在以上三个分项工程方面积累有丰富的管理经验,设计方案、材料质量、施工工艺、现场管理等均凸显了巨大优势。钟昭高速安全防护用品、办公用品、公务车用油等业务则由广西北部湾投资集团旗下全资子公司广路集团承接,这方面工作存在一些不足。

1)业务吞吐量不足。

依托广西北部湾投资集团全产业链良好背景,广路集团近年来承接业务不断扩展,但其实际生产能力没有跟上去,导致业务吞吐量不足,产品生产速度缓慢,更甚者,如果项目需求物品如安全帽、反光服量少,金额小时,还会出现拒绝接单情况。

2)标准化执行难度大。

受自有工厂化生产规模限制,广路集团将从内部承接的一部分业务交由其他厂商生产制作,导致原本应该执行标准化的物资因产自不同厂商,而出现标准不一的情况,降低了项目标准化程度,不利于推进建设品质工程工作。

(2)设计施工衔接方面

由广西设计集团和广西路桥集团组成的联合体承接钟昭高速设计施工总承包项目,因广西新发展交通集团与以上两个单位同属集团旗下全资子公司,在平行协作过程中,设计集团和路桥集团对项目设计方案变更和合同人员履约工作重视程度不足,部分需要变更的设计长时间得不到解决,部分合同人员不能足量到岗,导致设计、施工没有得到有效衔接,增加了现场管理难度。

(3)建管一体化方面

钟昭高速服务区运营由集团旗下全资子公司恒信资产承接,建设单位和总承包单位按照设计图纸进行服务区建设施工,恒信资产出于减轻其前期投资成本考虑,要求设计方案以外的如便利店货柜、冰箱等物资也由建设单位负责,以便将这一部分费用纳入建设成本之中。该工作因超出设计方案,且恒信资产未与建设单位进行充分有效沟通,导致服务区建设过程复杂化,不利于快速推进施工生产。

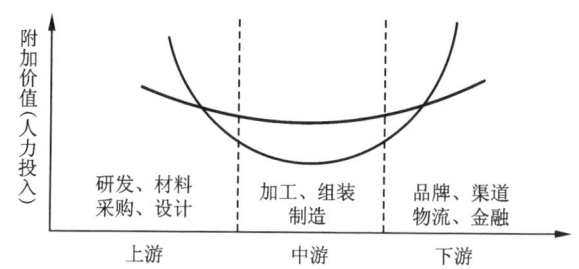

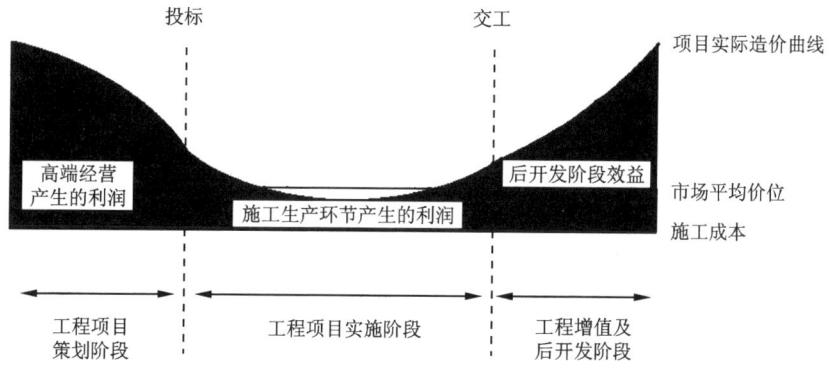

图 3-1 微笑曲线图

3.6 如何将产业链优势转化成价值链

图 3-1 是著名的微笑曲线图,微笑嘴型的一条曲线,两端朝上,在产业链中,附加值更多是在工程项目实施阶段,产生利润来源于市场平均价位与施工成本的差额,在市场平均价位相对固定的情况下,要提高此阶段的利润,只能降低施工成本。反观在工程实施前的工程项目策划阶段和实施后的工程项目增值及后开发阶段,通过高端经营产生的利润和后开发阶段的效益所取得的利润,远远大于施工生产环节产生的利润,且受市场波动冲击的影响更小。也就是说,在产业链中,附加值更多地体现在微笑曲线两端,前端和后端,设计和运营,处于中间环节的施工建造附加值最低。

因此,产业的未来应朝微笑曲线的两端发展,工程前期的高端经营和进入工程项目增值及后开发阶段的运营,有助于广西北部湾投资集团由传统业务向新型业务拓展、向高端经营转型。也就是说,将产业链转化成价值链,就是要向产业链高端发展,处在产业链、价值链的中低端环节的企业,要沿着产业链重新布局,谋求向产业链高端转型。

发挥全产业链优势,将产业链转化成价值链,打造"五商北投",其关系见图 3-2。

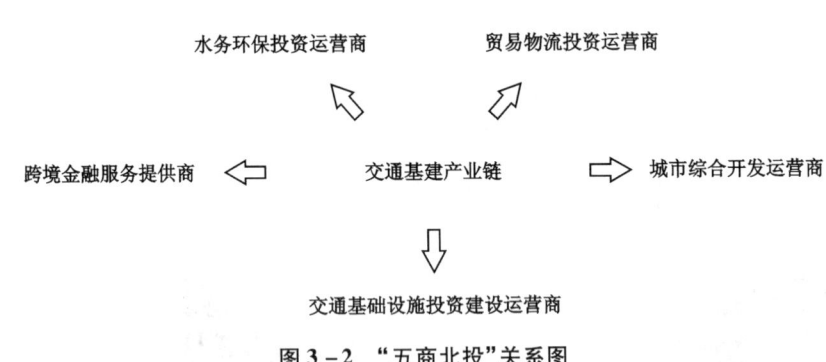

图 3-2 "五商北投"关系图

在广西北部湾投资集团完备的"交通基础设施产业链"基础上,在保持传统市场份额的前提下,推进转型发展,积极向有市场需求、有能力开拓、有竞争优势的方向转型;向产业链、价值链上游升级,去做基础设施投资商。向产业链、价值链下游拓展延伸,去做资产运营商;将"交通基础设施产业链"与房地产业务结合起来,顺应城镇化战略,去做城市综合开发运营商。当然,同样的道理，同样的复制方法，还可以依托"交通基础设施产业链"，平移拓展进入其他业务领域，去做贸易物流投资运营商、水务环保投资运营商、跨境金融服务提供商。

交通基础设施投资建设运营商在现有"交通基础设施产业链"基础上向策划、投融资领域提升，顺应市场变化趋势，主动设定话题，创造项目，营造市场，主动为客户提供优质的全产业链一体化解决方案。形成策划投融资—交通基础设施产业链—交通设施资产—运营/转让—收益的经营链条。交通基础设施投资建设运营商就是这样"炼"成的。同时利用投资优势进入新的业务领域，与房地产业务紧密结合，形成策划投融资—交通基础设施产业链—房地产开发—城市资产—经营/转让—收益的经营链条，打造成为城市综合开发运营商。依托"交通基础设施产业链"，与水务环保、贸易物流、金融等业务结合，强化高端对接，提供一揽子解决方案，同样可以复制成为投资商、运营商。

第4章 品质工程建设

4.1 品质工程的基本理论

4.1.1 品质工程

品质工程是近年来全国公路水运工程建设领域提出的新理念，是贯彻五大发展理念和建设"四个交通"的重要载体，包含内在质地和外在品位核心要素。内在质地，即工程具有的功能、耐久性、可靠性、适用性等；外在品位，即建筑艺术美、工程技术美、生态协调、文化融入以及后期服务、社会认可等。整个建设过程需体现以人为本、本质安全、全寿命周期管理、价值工程等思想理念。

4.1.2 建设品质工程的必要性

建设品质工程是交通人的使命，我们不仅要让老百姓走得了、走得方便，还要走得安全、行得顺畅、用得舒心，经得起时间和历史的考验。我们要始终坚持质量为本、安全第一，确保今后路不毁、桥不断、隧道不塌，把建设成果融入青山绿水、刻进历史丰碑、留给子孙后代。

2018年2月14日，人民日报刊发李小鹏部长文章《奋力迈向交通强国》。文章指出，一要综合实力世界领先——对标国际一流角度，不仅在基础设施、运输服务、装备技术等硬实力方面世界领先，还要在行业治理、人才素质、国际影响等软实力方面引领世界潮流。二要有效支撑强国建设——对照强国建设需要，使交通运输的基础性、先导性、战略性、服务型作用得到充分发挥，有效支撑我国建成社会主义现代化强国。

但是，目前我们离建成交通强国还存在较大差距：

①公路水运工程建设发展不平衡、不充分的问题仍然存在，质量提升的基础还比较薄弱，短板还比较明显。

②工程质量耐久性、绿色环保水平还不高，服务水平还不优。

③工程科技和装备水平、精细化管理水平还需要不断加强。

④工程质量治理能力还需要提升。

4.1.3　建设品质工程的重要意义

质量是企业的根本，是生命线。在交通基础设施建设行业，品质更是关乎国计民生的大事。当前，我国正处于交通基础设施建设高速发展阶段，交通基础设施建设工作取得了举世瞩目的成就。提出打造品质工程概念、执行打造品质工程要求，是对习近平系列重要讲话精神和党的十九大精神的贯彻落实，是深化交通运输基础设施供给侧结构性改革的重要举措。品质工程对交通基础设施建设行业提出了顶层设计和更高要求。按照打造品质工程的路子走下去，交通基础设施建设项目质量水平将不断得到提升。

2015年10月，交通运输部冯正霖副部长在全国公路水运工程质量安全工作会上提出了打造"品质工程"的新理念，迅速在行业内引起广泛关注和共鸣。2015年12月，杨传堂书记在全国2016年交通运输工作会上指出，要提升基础设施品质，推行现代工程管理，开展公路水运建设工程质量提升行动，努力打造"品质工程"。为此，交通运输部安全与质量监督查管理司组织了专题研究，开启了打造品质工程相关工作。2016年，交通运输部将打造公路水运品质工程列为集中攻坚解决行业重大问题的主要举措之一，并由交通运输部安全与质量监督查管理司负责，委托交通运输部公路科学研究院具体实施，共同组织开展了"品质工程大家谈"问卷调查活动，将品质工程置于社会讨论之中，一度成为热点。

广西新发展交通集团在2017年印发了《关于深入开展公路水运品质工程示范创建工作的通知》，随后组织召开了集团公司公路水运品质工程示范创建工作推进会，并印发了《广西新发展交通集团有限公司公路水运品质工程示范创建工作推进会议纪要》，用以指导集团内品质工程创建工作。钟昭高速指挥部制订了《贺州至巴马高速公路（钟山至昭平段）项目品质工程建设实施方案》，并设定了具体措施清单。

2017年7月，时任自治区交通运输厅总工程师、现任副厅长王劼耘带队到钟昭高速调研。在调研工作座谈会上，王劼耘组织与会人员围绕设计施工总承包模式和创建品质工程进行了大讨论，形成了一系列有关品质工程创建工作的方式方法。之后，广西新发展交通集团成立了"广西新发展交通集团有限公司公路水运品质工程示范创建工作领导小组"，明确了领导小组的组成人员和主要职责。钟昭高速也成立了"贺州至巴马高速公路(钟山至昭平段)建设指挥部品质工程创建工作领导小组"。

品质工程创建工作在钟昭高速全面铺开。此后，进度、安全、质量、环保、文化等品质工程全内容注入设计、施工及后期管养全过程。钟昭高速标准化建设、安全文明施工、环保水保、智慧工地建设、品牌文化打造等工作逐渐在行业内树立了标杆。

4.2 工程设计水平的提升

4.2.1 工程设计内容

品质工程涵盖的范畴包括：项目规划、设计、建设以及运营管理全寿命周期。其中，设计是品质工程建设的龙头，控制好项目前期设计工作，对创建品质工程起到至关重要的作用。

工程设计是根据建设工程的要求，对项目所需的技术、经济、资源、环境等条件进行综合分析、论证，编制建设工程设计文件的活动。虽然工程设计费用往往只占最终产品成本的一小部分，但它对工程项目的先进性和竞争能力却起着决定性的作用，所以说工程设计是现代社会工业文明的重要支柱，也是现代社会生产力的龙头。工程设计水平往往是一个企业创新能力和竞争能力的决定性因素。工程设计具体内容涉及总图、工艺设备、建筑、结构、动力、储运、自动控制、技术经济等。

工程设计一般可以分为方案设计、初步设计和施工图设计三个阶段，为配合施工，又增加了后期服务阶段。

①方案设计。

方案设计也称概念设计，是投资决策之后，由设计咨询单位对可行性研究提出意见和问题，经与建设单位协商后提出的具体设计文件，其深度应当满足编制初步设计文件和控制概算的需要。

②初步设计。

初步设计也称基础设计，是项目的宏观设计，包括项目的总体设计和布局设计、主要的工艺流程、设备的选型和安装设计、土建及路面工程量和费用的估算等。初步设计文件应当满足编制施工招标文件、主要设备材料订货和编制施工图设计文件的需要，是下一阶段施工图设计的基础。

③施工图设计。

施工图设计也称详细设计,该阶段主要工作是根据批准的初步设计,绘制出正确、完整和详细的各分项工程作业图纸,包括分部分项工程详图、构筑物零部件结构明细表、验收标准、方法、施工图预算等。该阶段设计文件应当满足设备材料采购、非标准设备制作和施工的需要,并需注明工程合理使用年限。

4.2.2 设计工作存在的不足

钟昭高速勘察设计存在的不足主要体现在路基涵洞通道、改路和边坡防护设计深度不足,隧道围岩地质勘察与实际地质情况存在偏差,房建工程章节总价预算偏低等方面。

(1)路基桥梁设计深度不足

①项目沿线水系路系设计深度不足。

体现在涵洞排水不畅、通道未接顺既有道路、八字口红线征地不足、改路及涵洞急流槽图纸缺漏等方面,导致在施工过程中需通过大量的设计变更来完善水系路系,不利于造价控制和加快建设进度。

②经过陡峭坡体的选线和路堤填筑设计不合理现象。

一是路基填方、挖方过高。例如 K34+240—K34+300 段设计填土高度大于 20 m,现场清表后发现该段路基无法正常填土,且无法设置挡土墙(挡土墙高度大于 20 m,超过设计规范)。K45+700—K46+100 段主线紧邻 207 省道,该处设计挖方边坡高度达 56 m,开挖过程中破碎岩体极有可能沿坡滚坠至省道,造成行车安全隐患。

二是陡峭坡体路堤边坡设计不合理,等高线未闭合,一坡到底。实际施工需进行补征地放坡,补征地工作推进较慢,影响施工进度。

③现浇梁设计偏离现场实际作业条件。

例如思勤江大桥主桥设计为悬臂浇筑连续梁,边跨交接墩紧邻河道,边跨现浇段(长度 10.42 m)的模板支架无基础可依,导致施工难度大,增加施工成本。

④陡峭山坡的桥梁设计未考虑施工过程可能对桥梁设计结构造成的影响,且未增加边坡防护设计导致运营期存在安全隐患。

(2)房建工程章节总价预算偏低,图纸有漏项

以钟山服务区为例:

①玻璃幕墙图纸说明由专业幕墙公司二次设计,图纸无具体施工方法及材料材质说明。

②污水处理池无详图。
③加油站地埋式油罐无详细节点。
④加油站大、小型车加油区地面无具体施工方法等。

4.2.3 提高设计工作水平措施

(1) 钟昭高速总体设计思路

项目设计坚持以人为本、本质安全、全寿命周期集成管理理念，坚持价值工程建设思路，筑牢精品工程思想意识，通过多方案比选论证，设计一条投资少、方案优、舒适安全的高品质高速公路。

(2) 加强生态环境保护，建设绿色公路

项目主线途经"华南地区最大的天然氧吧"，沿线森林覆盖率高达80%，动植物物种有300余种。主线穿越桂江、思勤江等多处水体，涉及饮用水源二级保护区和待批复的一级保护区。项目沿线分布有丰富的旅游资源，壮族、瑶族少数民族聚居，名胜古迹诸多，风土人情浓厚，长寿村落林立。本着"以人为本，公路融入自然"的设计理念，综合考虑沿线城镇发展规划、路网现状和规划、交通量等情况，设计需统筹考虑主体工程与交通工程、沿线设施、线外附属工程、环境保护、水土保持等的协调统一，合理布设路线，尽量少占农田，少拆迁，避免大填大挖，减轻或消除由于修建公路对自然景观的破坏和不良影响。推行生态环保设计和生态防护技术。以植物防护为主，对路基和取、弃土场进行绿化、美化，形成融入自然、视觉效果良好的绿色通道；在互通收费站、服务区、管理所设置污水处理系统并建立完善的排水系统，减少运营过程中水的污染和破坏。

实例链接： 在勘察阶段发现，项目主线途经地区有较多的古树及其他珍贵野生植物，主线周边地区存在大面积的原始森林。为保护好这些珍贵野生植物，在设计时特别强调：对红线外50 m范围内的珍稀植物及古树进行挂牌、10 m内设置围栏保护，对红线内珍稀植物就近移栽。主线途经大山大河，附近生活着大量野生动物，在这方面设计考虑：对受保护两栖爬行类野生动物出现较多的区域，在填方路段增设涵洞或桥梁便于其迁徙；对受保护鸟类出现较多的区域，避免爆破和降低机械噪音。项目设计莲塘、清塘、昭平收费站3座，后增设走马收费站1座，除昭平收费站外，其他收费站均位置偏僻。对此，关于周边绿植，设计也别出心裁地考虑种植生命力强、适应广西气候的植物，如驱蚊草、艾草等，既美观又能帮助工作人员解除蚊虫烦恼。

(3) 应用先进科技，提升设计水平

全面应用国家"九五"重点科技攻关成果GPS、航测遥感、公路CAD集成技术,采取综合地勘手段进行地质选线,采用世界先进的物探设备 V8 和可控源音频大地电磁(CSAMT)进行勘探,利用路线专家桥梁大师公路桥梁集成 CAD 系统桥梁综合程序治理正边坡稳定设计软件路面程序设计软件纬地涵洞设计系统等平台工具进行多方案比选和优化,强化系统设计,提高设计水平。

(4)推广标准化设计

鼓励构件设计标准化和通用化。切实加强精细化设计,注重工程薄弱环节设计的协调统一,统筹考虑施工的可操作性和维护的便捷性。根据"因地制宜,就地取材"原则,结合项目地区气候特点,充分论证路面结构类型,合理选择路面和桥梁材料级配和配合比。桥梁结构除少数分离式立交采用特殊桥型外,均采用标准化、装配化程度高的桥型,简洁实用,形式高度统一,以此保证工程质量、降低工程造价、减小施工难度。

(5)倡导设计创作

以用户体验安全、舒适、便捷为目标,强化工程及配套服务设施的人性化设计,体现地域传统特色文化。追求自然朴实,将地方特色融入工程美学和景观设计,保证工程和自然、人文的和谐、共享。在服务区、收费站、隧道洞口等位置,建筑方案设计应融入当地文化景观,突出人性化设计,注重智能拓展应用、节能策略等。各站区及部分隧道口引入光伏发电技术,有效利用太阳能,节能减排;服务区覆盖 WiFi,与沿线政府和通信运营商开发手机 APP 提供旅游地理和生活信息,既满足用户上网需求,也可进行品牌宣传。

实例链接: 项目主线途经贺州市昭平县。昭平属典型的亚热带季风气候,加之多山地丘陵,雨水较多,全年大部分时间都水汽缭绕。这样的特殊条件很适合茶叶生长。昭平茶在全国茶叶市场名闻遐迩,著名的亿健有机茶就产自昭平。项目在设计工程实体结构外观时,就充分考虑到了这一独特的地域文化,如在隧道出入口墙体印刻采茶女形象。昭平黄姚古镇是中国著名的古城,始建于清康熙年间,历经 300 余年岁月洗礼,依旧保存完整。黄姚古镇建筑物外观属典型的徽派建筑风格。项目在建筑物外观设计时,采用了这一艺术风格,如收费站和服务区。

4.3 质量控制

质量是公路工程建设的关键,建设过程的任何环节、任何部位出现质量问题,都会直接影响到工程的安全性和使用寿命,造成巨大的经济损失甚至危及人民群众生命财产安全。所以,质量是公路工程建设的生命,质量控制工作应贯穿工程建设整个过程。

4.3.1 工程质量概念

中国国家标准（GB/19000）和国际标准（ISO9000，2000 年版），对质量的定义是"一组固有特性满足要求的程度"。人们对质量的要求随着时间、地点、环境的变化而变化，如随着科学技术、生活水平的提高，人们对产品、过程或体系会提出更新更高的要求。

工程项目质量包括工程产品实体和服务这两类特殊产品的质量。其中工程实体质量是指建筑工程产品应适合于设计规定的用途，满足人们要求所具备的质量特性；服务是一种无形的产品，服务质量是指在一种行为过程中能够满足客户要求的程度。更加形象地说，高速公路质量就是符合设计要求、达到验收标准，通车运营后能够带给广大司乘朋友好的享受。

4.3.2 影响工程质量的因素

要保证高速公路建设处于较高水平的质量状态，必须从人（man）、材料（material）、设备（machine）、方法（method）、环境（environment）五大要素入手，简称"4M1E"。

（1）人员素质

人是生产活动的主体，是工程项目建设的决策者、管理者、操作者，工程建设的全过程都需要依赖人来完成。人员素质即人的文化水平、技术水平、组织管理能力、作业能力、控制能力和身体素质以及职业道德，在项目建设中人的素质集中体现在能不能较好完成分配的建设任务。钟昭高速项目人员结构如表 4-1 所示。

表 4-1 项目人员结构表

类别	学历结构			年龄结构	
	研究生	本科	专科	35 岁以下	35 岁以上
指挥部	14%	86%	0%	57%	43%
总监办	0%	29%	71%	21%	79%
总承包部	11%	56%	33%	33%	67%
施工分部	2%	51%	47%	64%	36%

（2）工程材料

工程材料是指构成工程实体的各类建筑材料、配件、半成品等，是工程建设的物质条件,是保证质量的基础。工程材料选用是否合理、产品是否合格、材质是否经过检验、保管是否得当等,都会直接影响工程实体的内在质量和外在美观。钟昭高速属EPC模式,在该模式下,材料的采购、保管和使用均由总承包经理部负责。总承包合同规定,总承包部(各分部)对供方生产(制造)的各种材料、机械设备要做好检验和验证工作,确保质量指标满足工程质量要求。严格实行"三检"制,即:自检、互检、交接检。

(3)机械设备

高速公路建设机械设备可以大致分为两类:一是组成工程实体的各类器具,如收费站的收费系统、监控设备等;二是在施工过程中使用的各类器具设备,如挖掘机、压路机、沥青摊铺机等。机械设备是否符合工程施工特点、性能是否稳定、操作是否安全等,都会影响工程质量。在EPC总承包模式下,为确保工程质量,同时降低管理成本,指挥部和总承包经理部在机械设备使用工作上下足了功夫,采用和引进了一大批先进的机械设备(详见本书"四新"应用)。

(4)工艺方法

工艺方法包括在施工过程中采用的技术方案和组织方案,施工方案的合理性、施工工艺的先进性和施工操作的正确性,都会对工程质量产生重大的影响。大力推进采用新技术、新工艺、新方法,不断提高工艺技术水平,是确保工程质量稳定提高的重要因素(具体详见本书"四新"应用)。

(5)生产环境

高速公路施工的环境条件包括:自然环境,如工程地质、水文、气象等;作业环境,如防护设施、通风照明、通信条件等;管理环境,如管理组织架构、合同结构、管理制订等;周边环境,如社会人文环境等。生产环境往往会对工程施工产生一些特定的影响。要提高工程质量,需要加强环境管理,改进作业条件,引导工程施工往有利于保证质量的方向发展。

实例链接:项目途经钟山、平乐、昭平三县,位于广西中东部地区,属典型的亚热带季风气候。该气候的特征是夏季高温多雨、冬季温和湿润,冬夏干湿差别不大。针对这种气候特征,项目在组织施工上:上半年要预防洪水灾害和塌方、泥石流等地质灾害,并需进行混凝土结构物的保养工作;下半年则要考虑如何降尘、除尘。项目主线途经地区以山地、丘陵、河流为主,桥隧比高,施工难度较大,施工过程中应充分考虑前期勘察设计所不能全部掌握的地质条件,如隧道、桥梁桩基施工会不会遇到溶洞等。在合同结构、组织架构方面,项目采用EPC总承包模式,考虑到这种模式在广西区内高速公路建设市场发展还不算太完善这一实际情况,如管理上过于单纯依赖总承包经理部则不利于质量管控,指挥部还需要开展大量的监管工作。

4.3.3 提高工程质量措施

钟昭高速质量管理工作的典型做法主要表现在以下几个方面(本书不做全面讲解,只选取一些代表性做法进行诠释)。

(1) EPC 模式下的质量约定

在 EPC 模式下,总承包单位对工程项目的进度、质量、安全负总责。《贺州至巴马高速公路(钟山至昭平段)设计施工总承包合同》约定如下:

1) 设计质量目标:满足公路勘察设计有关规范、规程、办法和招标文件要求。交付产品的优良率在 90% 以上,合格率为 100%。

2) 施工质量目标:各分项工程质量合格率为 100%,工程项目交工验收质量评定合格,竣工验收质量为优良。

(2) 标准化建设下的质量要求

为全面推行标准化建设,提高项目工程质量,制订了《贺州至巴马高速公路(钟山至昭平段)建设指挥部工程质量管理办法》。《办法》就质量管理各项工作做了明确要求。

1) 质量总体目标。

努力消除工程质量通病,杜绝重大质量风险,保证分项工程合格率为 100%;项目交工验收综合评分在 92 分以上;项目竣工验收工程质量达到优良;创建广西壮族自治区委优质工程。

2) 质量管理过程控制目标。

杜绝发生重大质量事故和一级一般质量事故,有效防止发生二、三级一般质量事故;根据公路产品质量形成的规律,突出"预防为主"的管理理念,把质量隐患消灭在萌芽状态,消除质量通病。

3) 质量管理体系。

项目建立政府监督、法人管理、社会监理、企业自检四级质量管理体系。工程质量实行业主全面负责,监理单位控制,总承包单位保证,政府监督相结合的质量管理体系。又分别明确了指挥部、总包部、监理单位质量管理职责。

4) 对质量问题的处罚。

①承包人因偷工减料、弄虚作假、违背科学、野蛮施工等任何违规操作行为造成质量不符合要求的,视情节轻重,一律按照合同处以相应经济处罚,情节特别严重的报请上级主管部门停止资信登记或吊销资质证书,构成犯罪的,提交司法部门追究刑事责任。

②监理、试验检测单位因玩忽职守等任何原因造成重大技术决策失误,或

未及时查处承包人违规作业，或对隐蔽工程和重要工程未把好质量关造成质量事故，或在规定期限内对质量事故未能提出处理意见，对承包人督促不力的，指挥部有权依据合同追究以上单位经济责任。情节特别严重的报请上级主管部门停止资信登记或吊销资质证书，构成犯罪的，提交司法部门追究刑事责任。

（3）首件工程认可制

1）概念。

首件工程是按照"预防为主、先导试点"的原则，在分项工程中选择一个施工项目作为首件工程，并将首件工程中的每一个工序作为首件工序，对每一道工序制订作业指导书和施工工艺方案，严格按照程序进行策划、实施、修正、经验总结，成熟后进行推广实施。通过首件工程施工，对施工组织、施工工艺、和各项质量指标进行综合评价和总结分析，以指导后续工程批量生产，预防和纠正批量生产可能出现的各种问题，保障工程质量、创造精品工程。

2）实施情况。

事实证明，首件工程认可制的应用，发现和总结了较多可能出现的质量问题，在后续大批量生产时起到了很好的质量通病预防作用。钟昭高速实施的首件工程认可制包括：路基工程49份，桥梁工程49份，隧道工程31份，路面工程6份，如表4-2所示。

表4-2 项目首件工程认可制明细表（部分）

序号	文件内容	方案申报日期	方案审批日期	总结审批日期	方案资料存在问题	总结资料存在问题
1	K3+660~K3+850软基换填试验路施工技术方案、K3+660~K3+850软基换填试验路施工总结	2016.12.3	2016.12.4	2017.3.14	已完善	已完善
2	ZK1+640~ZK1+740路基石方填筑试验路施工技术方案、ZK1+640~ZK1+740路基石方填筑试验路施工总结	2016.12.3	2016.12.4	2016.12.19	已完善	已完善

续表 4-2

序号	文件内容	方案申报日期	方案审批日期	总结审批日期	方案资料存在问题	总结资料存在问题
3	K14+810~K14+960 左侧边坡开挖首件工程施工技术方案、K14+810~K14+960 左侧边坡开挖首件工程施工总结	2017.1.15	2017.1.16	2017.4.10	已完善	已完善
4	K14+091 圆管涵涵身首件工程施工技术方案、K14+091 圆管涵涵身首件工程施工总结	2017.2.3	2017.2.4	2017.11.25	已完善	已完善
5	K8+620~K8+690 右侧路肩挡土墙首件工程施工技术方案、K8+620~K8+690 右侧路肩挡土墙首件工程施工总结	2017.3.11	2017.3.12	2017.11.11	已完善	已完善
6	K10+520~K10+580 左侧边坡三维植被网防护首件工程施工技术方案、K10+520~K10+580 左侧边坡三维植被网防护首件工程总结	2017.4.11	2017.4.12	2017.7.17	已完善	已完善
7	K6+520~K6+580 左侧边坡抗滑桩防护首件工程施工技术方案、K6+520~K6+580 左侧边坡抗滑桩防护首件工程施工总结	2017.4.19	2017.4.20	2017.6.28	已完善	已完善
8	K6+020 盖板通道涵背回填首件工程施工技术方案、K6+020 盖板通道涵背回填首件工程施工总结	2017.4.21	2017.4.22	2017.9.6	已完善	已完善

续表 4-2

序号	文件内容	方案申报日期	方案审批日期	总结审批日期	方案资料存在问题	总结资料存在问题
9	木兰隧道钢筋网支护首件工程施工方案、木兰隧道钢筋网支护首件工程施工总结	2017.5.8	2017.5.9	2017.6.10	已完善	已完善
10	狗板冲大桥右幅2#实心方墩首件制施工技术方案、狗板冲大桥右幅2#墩身首件制施工总结	2017.4.11	2017.4.14	2017.5.5	已完善	已完善

3）典型案例。

《同古互通A匝道1号桥第一联防撞墙首件工程施工技术方案》

①首件工程的目的及作用。

通过对同古互通A匝道1号桥第一联桥面防撞墙首件工程的实施，熟悉设计规范及技术要求，根据防撞墙的施工特点，确定质量验收标准，落实业主对防撞墙施工的要求，可以评价编制的防撞墙施工方案是否可行，并且可以预见施工中遇到的各种问题，对出现的问题及时处理，还可以评价材料、人员、设备、工艺、环保对工程质量的影响程度，便于总结经验，加强管理，为标准化施工创造条件。

②编制依据。

编制依据有：《贺州至巴马高速公路（钟山至昭平段）两阶段施工图设计》，贺州至巴马高速公路（钟山至昭平段）设计施工总承包合同文件，《公路桥涵施工技术规范》（JTG TF50—2011）。《公路工程质量检验评定标准》（JTG F80/1—2017），《混凝土结构工程施工规范》（GB 50666—2011），《广西新恒通高速公路有限公司高速公路施工标准化管理实施细则》。

③质量目标。

防撞墙几何尺寸满足设计及规范要求；防撞墙强度、顶面高程、平面位置、线型满足规范要求；混凝土外观无明显集中的气泡群和色差，无砂带和黑斑，无蜂窝、麻面、裂纹且平整、清洁。

④工程概况。

同古互通A匝道1号桥位于钟山至昭平高速公路同古互通式立交。全桥共6联：上部结构采用预应力混凝土连续箱梁；桥墩采用柱式墩、矩形盖梁柱式墩、L形盖梁柱式墩，防撞墙采用柱式防撞墙；基础采用钻孔灌注桩基础。本桥防撞护栏为现浇F型混凝土护栏，防撞等级为SA（图略）。

表4-3 工程数量表

材料类型	数量
钢筋/kg	4600
C40混凝土/m³	38.3

同古互通A匝道1号桥第1联防撞墙计划于2018年4月25日开工，计划于2018年5月15日结束。

⑤主要人员、机械设备见表4-4、表4-5。

表4-4 主要管理人员表

序号	姓名	职务	职称	备注
1	周小喜	分部经理	高级工程师	
2	蓝文甲	分部总工	工程师	
3	甘维哲	分部安全总监	专职安全工程师	
4	杨康	分部副总工	助理工程师	
5	马业钜	分部副总工	助理工程师	
6	张明良	测量负责人	助理工程师	
7	李辉林	实验室主任	助理工程师	
8	覃金才	混凝土试验负责人	技术员	
9	谢丽斯	质检工程师	助理工程师	
10	陈敏	安全员	安全员	
11	苏文	技术员	助理工程师	

表 4-5 主要机械设备表

机械名称	型号	数量
拌和站	HZS150	1 台
砼运输车	8 m³	4 辆
25T 吊车	徐工 25T	1 辆
振捣棒	50	4 根
泵车	中联 VOLVO 37 m	1 台
钢筋切割机	QJ40-1	3 台
钢筋调直机		3 台
钢筋弯曲机	GJ7-40 7.5 kW	3 台
凿毛风镐		5 台

⑥施工准备。

a. 组织技术人员按技术规范要求,核对设计图纸,复核防撞墙位置及标高,并对施工队伍进行施工技术及安全技术交底。

b. 测量放线。测量人员准确定出立模板边线,放样完毕后由测量工程师向施工队技术人员进行测量交底,施工队根据放样结果对防撞墙尺寸及位置进行复核。

c. 材料准备。水泥:采用 P.O42.5 华润水泥;粗集料:采用检验合格的钟山县燕塘恒泰石场碎石;细集料:采用检验合格的昭平县富裕砂场中砂;拌和用水:采用地表水;减水剂:采用贺州宜佳筑建材科技有限公司 GL-A 聚羧酸高性能减水剂;片石:采用检验合格的钟山县燕塘恒泰石场片石。

d. 4C40 混凝土配合比(kg/m^3)。水泥:砂:碎石:水:减水剂 = 405:753:1130:162:5.27。

⑦施工方案。

为保证桥面调平层和防撞护栏纵横坡符合设计要求,施工之前,测量人员必须复核梁顶面高程。以桥梁主中线为基准在箱梁顶面画出护栏内外边线,对超出边线的预埋件进行处理,保证不阻碍模板的架立,在平曲线处保证护栏线形平滑。

内外侧模板采用钢模板,现场拼接。为拆除方便,模板间采用螺栓连接,中间塞入 0.3 cm 橡胶皮防止接缝漏浆,相对两侧模板采用 Φ12 拉杆连接。模板拼装就位后应严格检查,以保证几何尺寸准确,本桥防撞墙防撞等级为

SA级。

清理模板：清理灰尘、杂质，涂抹脱模剂。清理外模锈迹、毛边，在场地试拼，观察整体拼装效果，测量顺直度是否满足要求，仔细检查相邻模板间接缝是否紧密，发现问题，及时整修。各项指标满足要求后，表面涂抹机油，排放整齐待用。

防撞墙模板安装前，先在边梁位置把防撞墙的钢筋加工好，把每跨的防撞墙钢筋绑扎焊接，连成整体。在模板安装时，采用简易的吊装方法把外侧模板吊运安装至外侧，作业人员佩挂好安全带挂于防撞墙的钢筋上。

注意预埋防撞墙底面的桥面铺装伸入防撞墙的 $\Phi 12$ 钢筋。

防撞墙在伸缩缝处断开，断缝与伸缩缝宽度一致且底部要预留 20 cm × 20 cm 加伸缩缝宽度的开口够安装伸缩缝拦水端头，在墩顶处设垂直切缝断开。拆除模板后护栏每 6 m 设一道切缝，负弯矩区段每 5 m 设一道切缝，切缝应采取机械切缝，宽 4~5 mm，深 15 mm（跨线处要预埋防落网钢板）。表 4-6 为质量检验评定标准。

表 4-6 质量检验评定标准（JTG F80/1—2017）

项次	检查项目	规定值或允许偏差	检查方法和频率
1	混凝土强度/MPa	在合格标准内	
2	平面偏位/mm	≤4	全站仪、钢尺：每道护栏每 200 m 测 5 处
3	断面尺寸/mm	±5	尺量：每道护栏每 200 m 测 5 处
4	竖直度/mm	≤4	铅锤法：每道护栏每 200 m 测 5 处
5	预埋件位置/mm	≤5	尺量：测每件

⑧防止质量通病的关键技术措施。

a.影响防撞护栏外观质量的因素。

漏浆：相邻两模板间接缝不严密，空隙过大；模板与桥面或路面间接触不严密，空隙过大。

蜂窝、麻面和气泡：模板上涂抹脱模剂（机油）不均匀；拆模过早；振捣时间不足，振捣方法不恰当；浇筑时混凝土分层过厚、混凝土坍落度过大。

分层和颜色不一致：在浇筑过程中，混凝土不能连续供应，间隔时间过长，导致浇筑间断；使用的脱模剂（机油）不干净或涂抹过多；浇筑方法不正确。

线形不顺畅：模板制作及拼接不规范，未及时调整；桥面或路面不平整，模板顶部起伏；模板固定不牢固，浇筑过程中模板移位变形。

表面有裂缝；没有按要求设置伸缩缝，假缝切割不及时，养生不及时。

b.影响防撞护栏外观质量的防治措施。

模板安装：拼装模板前，对模板进行彻底检查，保证模板内壁光滑干净，然后均匀涂抹一层脱模剂(机油)，经现场技术员检查认可后，开始拼装。模板安装完成后及时自检。自检主要内容有：相邻模板错台、螺栓及拉杆松紧及牢固程度、模板线型、模板顶标高等，对不合格的地方及时进行调整。

混凝土浇筑和振捣：混凝土必须分层浇筑。根据防撞护栏设计特点，在施工时，分三至四层进行浇筑。采用层叠式施工，第一层浇筑到护栏底部斜边下角变点，第二层浇筑到斜边上角变点，第三至四层浇筑到顶，由施工人员控制每层混凝土的入模时间及方量。混凝土布料要均匀，严格控制振捣时间，每层混凝土振捣时间不小于 1 min，不大于 1.5 min，防止漏振、振捣不充分或振捣时间过长。在振捣时，用一个木槌或橡胶锤击打模板的外壁，以减少防撞护栏表面的气泡。

浇筑过程中随时检查模板情况，如发现模板变形、移位情况及时调整并对混凝土重新振捣。护栏混凝土浇筑完成后，顶面采用三次收浆。第一次用木抹子抹平，第二次用铁抹子抹平初压光，第三次待混凝土初凝时用轧子用力轧光。

拆模时间根据气温和混凝土强度而定，控制在 12 h 后。拆模后及时进行修饰并覆盖土工布洒水养生。对完成的防撞护栏混凝土进行全面检查，发现问题及时分析原因，及时纠正。

⑨安全文明施工保证措施。

a.一般安全要求。

防撞墙施工要按国家有关标准、规范要求。开工前，施工负责人要将防撞墙的工程概况、施工方法、安全技术措施等情况向施工人员进行详细交底。每日上班时，进行班前安全教育，提高全员安全意识。根据工程特点，明确分工，责任到人，凡进入施工现场的管理人员和操作人员，必须经安全生产教育培训，否则不得上岗作业。进入施工现场的人员，一律佩戴安全帽，否则不能进入施工现场。在施工现场的四周设隔离网，并设齐全的安全警示标志。机械设备必须要有出厂合格证，有设备性能、使用、维修、保养说明书。设备的性能满足工程要求，安全装置及安全设施齐全，控制系统灵活可靠。机械设备(车辆)的操作人员、驾驶员，必须严格执行"安全技术操作规程"，不准违章作业，严禁酒后操机作业和驾驶作业。

b.现场施工要求。

工地现场使用的模板、木材等周转材料应码放整齐，以保持施工现场整洁。施工完成后，四周的建筑垃圾应及时清理，运至弃土场。高空作业人员必须佩戴安全帽、系安全带、穿防滑鞋，且作业人员所用的扳手、锤头等工具必须用绳挂在工具栏内，防止坠落伤人。模板的吊装需专人指挥，吊装作业时闲杂人员应撤离现场。拆模时，应划分作业区，悬挂警示标志，并按规定的拆模程序进行。拆除区域应设置警戒线且由专人监护，留有未拆除的悬空模板及模板工程应有验收手续。严防因时间控制不当或操作粗犷而导致结构物缺棱掉角。

c. 文明施工。

加强环保教育，班前教育时宣传有关环保政策，强化职工的环保意识，使保护环境成为全体职工的自觉行为。教育职工尊重当地民风民俗，遵守乡规民约，与当地群众和睦相处，共同创造和维护和谐的施工环境。加强环保意识，对施工中的废弃料不乱弃乱放，按要求运往指定地点存放。施工现场设警示标志，以提醒施工及过往人员注意安全。施工人员文明驾驶、文明作业。特种作业工人持证上岗，杜绝"三违"现象。

根据《首件工程认可制实施办法（试行）》相关要求，为加强工程质量控制，减少不合格产品，确保工程进度并提高整体质量水平，项目选择同古互通 A 匝道 1 号桥第一联桥面防撞墙为防撞墙施工的首件工程，通过对此防撞墙的施工总结，了解检验施工机械、设备、人员配备是否合理、可行。同时确定施工工艺、设计参数资料及相关处理措施的可行性，为防撞墙施工提供工艺指导参数。

⑩首件工程概况。

同古互通 A 匝道 1 号桥位于钟山至昭平高速公路同古互通式立交。全桥共 6 联：上部结构采用预应力混凝土连续箱梁；桥墩采用柱式墩、矩形盖梁柱式墩、L 形盖梁柱式墩，防撞墙采用柱式防撞墙；基础采用钻孔灌注桩基础。本桥防撞护栏为现浇 F 型混凝土护栏，防撞等级为 SA。

A. 开工准备。

首件工程人员设备投入情况见表 4-7，表 4-5。

施工准备及施工方案见 3）典型案例⑥⑦。

表4-7 主要管理人员表

序号	姓名	职务	职称	备注
1	林峰	经理	高级工程师	
2	韦永代	总工	高级工程师	
3	周小喜	副经理	高级工程师	
4	蓝文甲	桥梁工程师	工程师	
5	甘维哲	安全员	专职安全工程师	
6	陈绪成	测量负责人	助理工程师	
7	张萍	实验室主任	助理工程师	
8	刘婷	质检工程师	助理工程师	
9	苏文	施工员	助理工程师	
10	马业钜	施工员	助理工程师	
11	陈敏	安全员	安全员	

材料准备。水泥：采用 P.O42.5 华润水泥；粗集料：采用检验合格的钟山县燕塘恒泰石场碎石；细集料：采用检验合格的昭平县富裕砂场中砂；拌和用水：采用地表水；减水剂：采用贺州宜佳筑建材科技有限公司 GL-A 聚羧酸高性能减水剂；片石：采用检验合格的钟山县燕塘恒泰石场片石。

按《公路工程质量检验评定标准》JTGF 80/1—2017，验收断面尺寸高程、轴线偏位、平整度、保护层等，各项技术指标均满足设计及规范要求。

表4-8 质量评定情况

项次	检查项目	规定值或允许偏差	设计值	检测值
1	混凝土强度/MPa	在合格标准内	40	48.5/48.3/48.6/48.9
2	平面偏位/mm	≤4	—	1/3/4
3	断面尺寸/mm	±5	227	226/228/223
			430	432/435/428
4	竖直度/mm	≤4	—	2/1/3

B. 防撞墙首件总结及施工注意事项。

通过对首件的验收及成果分析，本次首件工程是成功的，施工工艺可作为出现责任以后防撞墙施工控制的依据。

今后施工时应注意如下事项：

a. 施工之前，测量人员必须复核梁顶面高程。以桥梁主中线为基准在箱梁顶面画出护栏内外边线，对超出边线的预埋件进行处理，保证不阻碍模板的架立，在平曲线处为保证护栏线形平滑。

b. 模板间采用螺栓连接，中间塞入 0.3 cm 橡胶皮防止接缝漏浆，相对两侧模板采用 $\Phi 12$ 拉杆连接。模板拼装就位后应严格检查，以保证几何尺寸准确，本桥防撞墙防撞等级为 SA 级。

c. 防撞墙模板安装前，先在边梁位置把防撞墙的钢筋加工好，把每跨的防撞墙钢筋绑扎焊接，连成整体。

e. 注意在预埋防撞墙底面的桥面铺装伸入防撞墙的 $\Phi 12$ 钢筋。

f. 防撞墙在伸缩缝处断开，断缝与伸缩缝宽度保持一致且底部要预留 20 cm×20 cm 加伸缩缝宽度的开口以安装伸缩缝拦水端头，在墩顶处设垂直切缝断开。拆除模板后护栏按每 6 m 设一道切缝，负弯矩区段按每 5 m 设一道切缝，切缝应采取机械切缝，宽 4~5 mm，深 15 mm（跨线处要预埋防落网钢板）。

C. 质量保证措施。

a. 按规定做好施工技术交底，保证交底到位。每个分项工程开工前，项目总工要把施工技术和质量要求及施工工艺和操作规程，通过书面形式逐级进行交底，贯彻落实到具体的施工操作人员；严格工艺管理，明确质量责任，防止施工中出现责任不清或无人负责的现象。

b. 制订和严格执行质量管理制度，制订明确的岗位职责，落实各岗位人员，明确分工，各负其责，将质量责任和对质量要素的管理要求落实到每个岗位及个人；同时，根据质量管理的需要，制订图纸审核、技术交底、施工日志和原始记录、工地会议、工程材料控制和质量检验、质量奖罚等制度，通过有效实施这些管理制度，建立项目内部的约束和激励机制，规范项目的管理行为，提高项目的质量保证能力。

c. 技术管理和质量管理最终落实到现场，现场管理是确保工程质量的关键。项目经理部将加大施工现场管理力度，发现有违规行为，立即发出纠正措施通知，限期整改纠正，每个施工点都坚持有施工员旁站监督查管理，严格按操作规程施工；规定应持证上岗的人员，必须具备上岗资格；做好施工日志和各种施工原始记录。执行工地会议制度，随时召开工地会议，交流、联络工地现场信息，协调解决施工中出现的问题，总结经验教训，促进质量体系的有效运行和施工的正常开展。

d. 严格控制用于工程结构的材料和物资的质量。对采购进场的物资、材料的类别、型号规格、数量、质量指标等进行验证,杜绝不合格品进入施工现场。对各种物资材料按规定进行产品标识和检验状态标识。

D. 安全文明施工保证措施。

a. 一般安全要求。

防撞墙施工要按相关的国家标准、规范要求进行施工。

开工前,施工负责人要将防撞墙的工程概况、施工方法、安全技术措施等情况向施工人员详细交底。每日上班时,进行班前安全教育,提高全员安全意识。

根据工程特点,明确分工,责任到人,凡进入施工现场的管理人员和操作人员,必须经安全生产教育培训,否则不得上岗作业。

进入施工现场的人员,一律佩戴安全帽,否则不能进入施工现场。施工现场的四周设隔离网,并设齐全的安全警示标志。

机械设备必须要有出厂合格证,有设备性能、使用、维修、保养说明书。设备的性能满足工程要求,安全装置及安全设施齐全,控制系统灵活可靠。机械设备(车辆)的操作人员、驾驶员,必须严格执行"安全技术操作规程",不准违章作业,严禁酒后操机作业和驾驶作业。

b. 现场施工要求。

工地现场使用的模板、木材等周转材料应码放整齐,以保持施工现场整洁文明。施工完成后,对于四周的建筑垃圾应及时清理,运至弃土场。

高空作业人员必须佩戴安全帽、系安全带、穿防滑鞋,且作业人员所用的扳手、锤头等工具必须用绳挂在工具栏内,防止坠落伤人。

模板的吊装需专人指挥,吊装作业时闲杂人员应撤离现场。

拆模时,应划分作业区,悬挂警示标志,并按规定的拆模程序进行。拆除区域应设置警戒线且由专人监护,如留有未拆除的悬空模板及模板工程应经过验收手续。严防因时间控制不当或操作粗犷而导致结构物缺棱掉角。

c. 文明施工。

加强环保教育,班前教育时宣传有关环保政策,强化职工的环保意识,使保护环境成为全体职工的自觉行为。

教育职工尊重当地民风民俗,遵守乡规民约,与当地群众和睦相处,共同创造维护和谐的施工环境。

加强环保意识,对施工中的废弃料不乱弃乱放,按要求运往指定地点存放。

施工现场设警示标志,以提醒施工及过往人员注意安全。

施工人员文明驾驶、文明作业。特种作业工人持证上岗,杜绝"三违"现象。

图4-1为桥梁墩柱首件成品。图4-2为墩柱首件制施工现场总结。

图4-1　桥梁墩柱首件成品　　　　图4-2　墩柱首件制施工现场总结

4.4　标准化建设

4.4.1　基本概念

标准化是指在经济、技术、科学和管理等社会实践中,对重复性的事务和概念,通过制定、发布和实施标准达到统一,以获得最佳秩序和社会效益。高速公路施工标准化建设是指针对即将开展的分部分项工程制定相应条款,对施工系列过程加以规范,使之达到质量好、效益高、安全可靠的效果。

2016年7月,由广西新恒通高速公路有限公司编制的《高速公路施工标准化管理实施细则》发布,用以指导公司范围内所有高速公路项目的施工标准化管理工作。项目严格贯彻落实《实施细则》要求,在标准化建设方面取得了良好成绩。

4.4.2　标准化建设内容

《实施细则》包括路基、工地现场建设、边坡生态防护恢复、桥梁、隧道、驻地建设、路面施工7个分册,几乎囊括了项目建设各工序工种和施工全过程。

(1)目标标准化管理

即针对分部分项工程设定一个包括质量、安全、环保、进度等内容在内的结果,要求承包人按照结果制订计划、过程实施和结果待审,这个结果在特定条件下是相对固定的、可复制的。指挥部根据考核标准对这个结果进行考核评定。如:在圆管涵标准化施工中,要求结果保证混凝土表面平整、棱线顺直,无严重啃边、掉角;蜂窝、麻面面积不得超过该面面积的0.5%,混凝土表面出现非受力裂缝不得超过0.1 mm。

(2)材料设备标准化管理

在设计施工总承包模式下,材料设备采购及管理使用工作由总承包单位负责,但这并不影响对材料设备管理的标准化要求。

1)材料。

针对不同材料的质量、价格和性能,经多次比较,选择性价比高的商家进行采购。根据进料计划、送料凭证、质量保证书或产品合格证进行材料验收。材料入库,建立台账;做好防火、防盗、防潮、防变质等工作,日清、月结、定期盘点。凡工程用材料,凭单领料,建立领发材料台账。做好材料的使用监督,余料需回收,并及时办理退料手续。

2)设备。

人机固定,实行保养责任制,专人使用、专人保养。操作人员须经过培训考试,持证上岗。作业前须对操作人员进行安全培训交底,不得违章作业、不得强令机械带病作业、不得野蛮施工。

(3)安全标准化管理

施工行业,质量与安全密不可分,只有保证施工安全,才能保证各工序顺利实施。施工前应对人员进行安全教育,施工过程严格按照操作规程进行,禁止因抢工期而降低对安全的要求。

(4)施工技术标准化管理

技术是工程质量的重要保障,应严格按规范进行管理,有效提高施工技术水平和施工工艺管理水平。做好质量监督和反复进行检测验收,检验参数必须真实可靠,保证施工内容全面。保证技术管理力量,建立技术管理体系。以下以总承包部技术管理体系为例。图4-3为总承包部技术管理体系。

(5)制度标准化管理

质量工作中,规范规章制度也是重要的管理内容。在这里,项目建设规章制度主要依据包括:《贺州至巴马高速公路(钟山至昭平段)设计施工总承包合同文件》《广西新恒通高速公路有限公司高速公路施工标准化管理实施细则》《广西新恒通高速公路有限公司项目建设手册管理制度汇编》等。

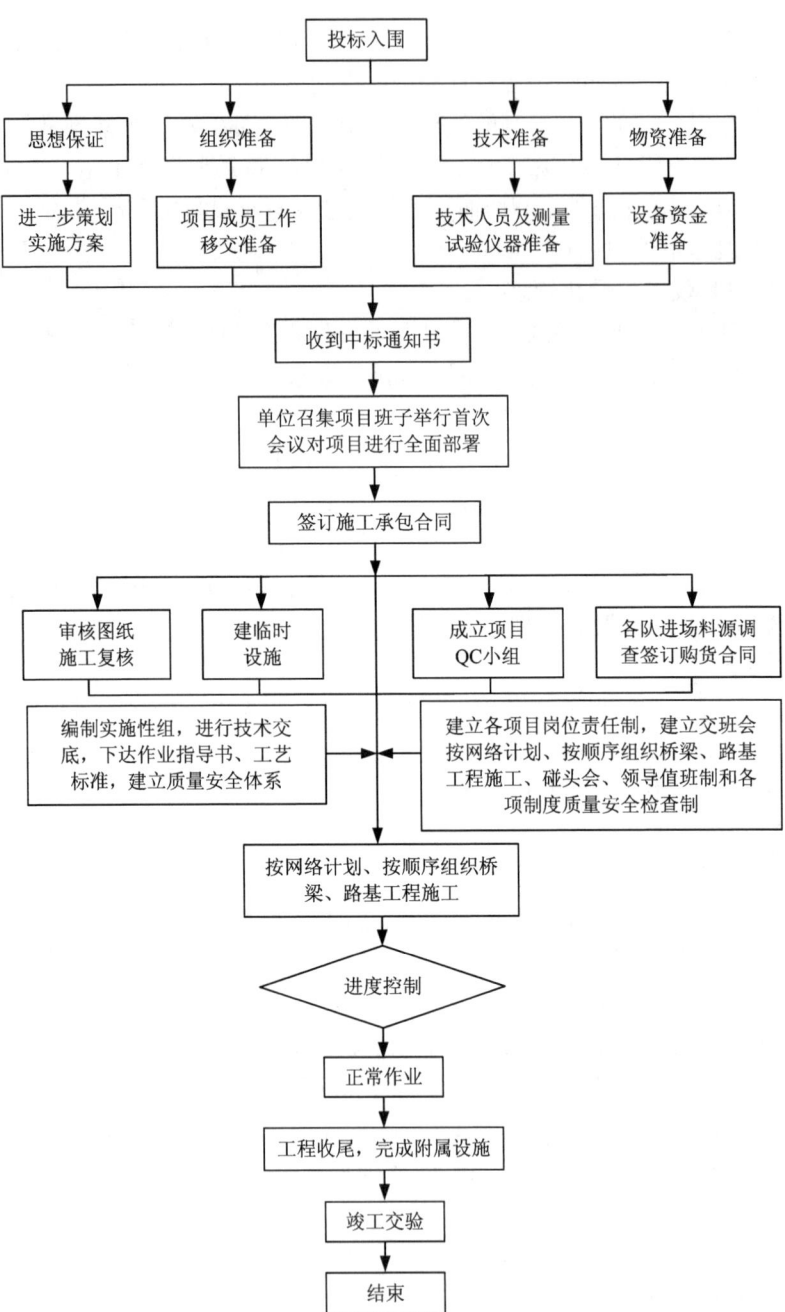

图 4-3 总承包部技术管理体系

4.4.3 标准化管理方法

（1）提高标准化认知

组织领导班子、管理骨干、一线作业人员进行标准化建设培训，不断提高其对高速公路施工管理的标准化认知，明确采用标准化建设的利和不采用标准化建设的弊，保证标准化管理工作顺利实施。

（2）建立标准化管理体系

1）技术标准。

技术标准是标准化管理体系的核心，是实现产品质量的重要前提，其他标准都要围绕技术标准展开，并为技术标准服务。具体来说，技术标准是对生产相关的各种技术条件，包括生产对象、生产条件、生产方式等所做的规定。如产品标准、半成品标准、原材料标准、设备标准、工艺标准、计量检验标准、包装标准、安全技术标准、环保卫生标准、设备维修标准、设计标准等。

技术标准的形式可以是标准、规范、规程、守则、操作卡、作业指导书等。

2）管理标准。

管理标准是进行生产经营活动和实现技术标准的重要措施，它把工程管理的各个方面以及各个单位、部门岗位有机地结合起来，统一到产品质量的管理上。管理标准是对有关生产、技术、经营管理各个环节运用标准化原理所做的规定。

3）工作标准。

工作标准是针对需要协调统一的工作事项制定的标准，是以人或人群的工作为对象，对工作范围、责任、权限以及工作质量等所做的规定，包括每项具体工作的量、质、期以及考核要求。

（3）严格过程管控

标准化建设成效如何，关键看执行。指挥部和总监办须严格管控标准化施工过程，提高监督检查频率、细化监督检查标准，对施工单位标准化建设工作落实情况进行准确的评估，查找问题、寻找原因，督促其按时整改提高。还要针对标准化工作制定详细的奖惩措施。

（4）做好问题处理

关于在标准化执行过程中发现的问题，要认真分析出现问题的原因，寻找解决问题的措施。细化出现问题的各关键环节和关键责任人，哪个环节出错就改正哪个环节，哪个关键责任人疏忽就责令哪个人负责落实整改。问题整改完毕后，还须形成书面总结材料，以指导类似工作，避免同类问题再次出现。

4.4.4 施工标准化

施工标准化包含路基、桥梁、隧道、路面施工标准化以及厂站建设和生产生活驻地建设标准化等内容,这里不一一解说,只以水泥稳定碎石底基层、基层施工为例。

(1) 一般规定

1) 水泥稳定碎石底基层、基层应在春末和气温较高的季节组织施工,施工期的最低气温应在5℃以上。

2) 若路基移交后未及时施工,路面单位应对路槽进行修整和检测,达到规范要求后方可开始施行下一道工序。

3) 在雨季施工时,应特别注意气候变化,勿使水泥和混合料遭雨淋。降雨时,应停止施工,但对已经摊铺的水泥稳定碎石混合料应尽快碾压密实,并及时覆盖。

4) 水稳层应采用集中厂拌法拌制混合料,并采用摊铺机摊铺,从加水拌和到碾压终了的时间不得超过初凝时间。

5) 应严格掌握底基层、基层的厚度和高程,其路拱横坡应与设计一致。

6) 应在混合料处于或略大于最佳含水率时进行碾压,直至达到按重型击实试验法确定的要求压实度,底基层要求≥97%,基层要求≥98%。

7) 水泥稳定碎石底基层、基层的压实厚度不得超过20 cm。压实厚度超过上述规定时,应分层铺筑,每层的最小压实厚度不应小于10 cm,下层则应稍厚。严禁用薄层贴补法进行找平。分层铺筑时,每层都要做压实度检验,并应达到规定要求。压实度检测时挖的坑洞应及时进行有效回填。

8) 水泥稳定碎石分层施工时,在铺筑上层水泥稳定碎石之前,应始终保持下层表面湿润干净,雨季施工,必须在施工前用水车冲洗,旱季施工,清扫干净后应洒水保持湿润。为增加上下层之间的黏结性,在铺筑上层水泥稳定碎石时,宜在上层表面撒少量水泥或水泥浆。

9) 同一路段水稳层的左右幅施工应错开,当分层施工时,应在半幅两层连续施工完成并养生到位后,再开始另外半幅的施工。

10) 每一段碾压完成并经压实度检查合格后,应立即开始养生。水稳层用土工布或养生薄膜覆盖养生,养生期间应始终保持表面湿润,待下封层施工完且水稳层达到3天强度后方可开放交通。

11) 在水稳层已开始施工,但尚未摊铺沥青结构层之前,连续段落之间未完工的特殊桥梁、长大隧道、特殊地质路段治理等工点宜自辟运输便道,不得再利用已移交路基段落作为施工通道。

(2)材料要求

1)集料。

①用于水稳层的碎石压碎值应不大于30%,破碎时应确保经过一道反击破或圆锥破。

②用于底基层时,单个颗粒的最大粒径不应超过37.5 mm,用于基层时,单个颗粒的最大粒径不应超过31.5 mm。碎石应预先筛分成至少4个粒级,建议底基层分19~37.5 mm、9.5~19 mm、4.75~9.5 mm,基层分19~31.5 mm、9.5~19 mm、4.75~9.5 mm、0~4.75 mm。承包人可根据自己的施工经验,在保证级配稳定的前提下,自行划分碎石生产规格,但碎石生产规格应事先得到监理工程师的批准。各种粒径的超尺寸数量不得超过10%,欠尺寸数量不得超过15%。合成的颗粒组成应符合表4-9的要求。

表4-9 水泥稳定碎石级配组成

层位	通过下列方孔筛(mm)的质量百分比/%								液限/%	塑性指数
	37.5	31.5	26.5	19	9.5	4.75	2.36	0.6	0.075		
底基层	100	90~100		67~90	45~68	29~50	18~38	8~22	0~7	<28	<6
基层		100	90~100	72~89	47~67	29~49	17~35	8~22	0~7	<28	<6

注:集料中0.6 mm以下的细集料有塑性指数时,小于0.075 mm的颗粒含量不应超过5%;0.6 mm以下的细集料无塑性指数时,小于0.075 mm的颗粒含量不应超过7%。

③当细集料数量不足时,允许掺配一定比例的砂。掺配的砂应洁净、坚硬、干燥,无风化、无杂质,且符合级配要求。

2)水泥。

水泥稳定碎石层施工宜采用旋窑生产的P32.5普通硅酸盐水泥、矿渣硅酸盐水泥和火山灰质硅酸盐水泥,初凝时间应在3 h以上,终凝时间应在4.5 h以上。散装水泥在生产存放7 d后才能出厂使用。不得使用快硬水泥、早强水泥以及受潮变质的水泥。

3)水。

水应满足《混凝土用水标准》(TGJ 64—2006)的相关规定。

(3)混合料组成设计

1)水泥稳定碎石的混合料组成设计应严格按照《公路路面基层施工技术规范》(JTJ 034—2000)的规定进行。

2)各种材料必须在使用前56天选定。承包人应将具有代表性的样品在监理工程师确认的实验室进行材料的标准试验及混合料组成设计。

3)水泥稳定碎石的各项试验应按《公路工程无机结合料稳定材料试验规程》(JTG E51—2009)的要求进行。

4)水泥稳定碎石的组成设计应根据设计图纸所规定的强度标准,通过试验选取最适宜于稳定的集料,确定必需的水泥剂量和混合料的最佳含水率。

5)确定各种规格集料的掺配比例,使组成级配符合规定,其中9.5 mm、4.75 mm、2.36 mm的筛孔通过率应尽量接近规定范围的中值。

6)水泥的最小剂量在满足无侧限抗压强度的同时,还应满足:底基层≥2.5%,基层≥4%。

7)水稳定碎石混合料的组成设计结果应提交监理工程师审批。

(4)试验路段

1)在水泥稳定碎石底基层、基层正式开工之前,承包人应在监理工程师批准的地点铺筑长度为100～200 m的试验路段。

2)在试验路段开始至少3天之前,承包人应提出铺筑试验路段的施工方案,并报送监理工程师审批。施工方案的内容包括:试验人员、机械设备、施工工序和施工工艺等的详细说明。

3)在铺筑试验路段的过程中,应做好观察和记录,研究并解决发现的各种问题。

4)通过铺筑试验路段,确定以下主要项目:

①确定用于施工的集料级配。

②确定分层施工时每一层的合适厚度。

③确定松铺厚度和松铺系数(摊铺机行走速度、振幅、频率)。

④确定标准施工方法。

a.集料数量的控制;

b.合适的拌和机械、拌和方法和拌和时间;

c.混合料含水率的调整和控制方法;

d.控制水泥剂量和拌和均匀性的方法;

e.混合料摊铺方法和适用机具(包括摊铺机的行进速度、摊铺厚度的控制方式、梯队作业时摊铺机的间隔距离等);

f.压实机械的选择和组合,压实的顺序、速度和遍数;

g.拌和、运输、摊铺和碾压机械的协调和配合;

h.密实度的检查方法,初定每作业段的最小检查数量。

⑤确定每一作业段的合适长度。

⑥验证混合料组成和延迟时间对标准干密度、压实度和强度的影响，压实工艺对厚度方向密度的影响，提出各工序时间限制要求和保证基层表面平整、密实、均匀、防止开裂的措施。

5）试验路段应在监理工程师的监督下进行。如果试验路段经监理工程师批准验收，则可作为永久工程的一部分，并按合同规定计量支付。否则，应移出并重做试验路段，费用由承包人自负。

6）承包人应根据试验路段所取得的资料与数据，编写试验路段总结报告，报监理工程师审查批准，并作为正式开工的依据。试验路段确认的压实方法、压实机械类型、工序、压实系数、碾压遍数和压实厚度、最佳含水率等均作为今后施工现场控制的依据。

4.4.5 施工要点

（1）准备工作面

承包人应在水泥稳定碎石层施工前一天准备好工作面，并报请监理工程师检查验收。对于路基，表面应平整、坚实，具有规定的路拱，没有任何松散的材料和软弱地点；对于水泥稳定碎石层，表面应平整、坚实、干净，具有规定的路拱，没有坑洞、搓板、辙槽以及任何松散材料。

（2）施工放样

承包人应在施工前做好放样工作。恢复中线时，每 10 m 设一桩，并在两侧路肩边缘外设指示桩，指示桩上应用明显标记标出水泥稳定碎石层边缘的设计高度，用白灰画出水泥稳定碎石层的边缘线。

（3）拌和与运输

1）水泥稳定混合料的拌合应采用厂拌法。拌合场应建立不同规格集料进场验收制度，对不同粒径的集料分别堆放，细集料要加盖，下料斗口之间要用隔板隔开。

2）厂拌的设备及布置位置在拌合以前应提交监理人并取得批准，方可进行设备安装、检修与调试，在正式拌制混合料前，必须先测试所用的设备，使混合料的颗粒组成和含水率都达到规定的要求。水泥稳定碎石基层的厂拌设备，单机生产能力不低于 500 t/h，应选用双卧轴强制式拌合设备，其由自动控制的称量技术，级配准确。应采用散装水泥，水泥输送用螺旋输送机，水泥的计量用电子秤。经监理人同意，采用连续式拌和机时，拌和室长度应大于 3 m，拌和时间应不小于 1 min。对水泥输用量，应定期进行标定。

3）拌和前应测定各种规格料的含水率，根据含水率、天气情况和运距确定施工配合比。夏季施工时，可先对碎石进行洒水湿润。

4)为确保碾压密实,拌和时宜将混合料的用水量提高 0.5%~1.0%,以补偿摊铺及碾压过程中的水分损失。

5)料仓的加料应有足够数量的装载机,以确保拌和楼各仓集料充足,并且相互之间数量协调。在每天结束使用前应将拌和楼清理干净,并对其进行检查和适当维护,尤其要注意避免水泥结块而堵塞水泥下料口。

6)混合料运输应采用大吨位的自卸车,车况应良好,数量应满足运输要求,装料时,车辆应前后移动,禁止使用车厢容量小于 5 m^3 的自卸车。运输混合料的车辆应根据需要配置并装载均匀,拌成的混合料应尽快运送到铺筑现场,运输时间不得超过 30 min,运料车装料出厂时,车厢应该覆盖。当摊铺现场距拌和场较远时,混合料在运输过程中应加以覆盖,以减少水分损失。在摊铺机前,应配备一名熟练的工人指挥自卸车的卸料,以避免自卸车撞击摊铺机。

(4)摊铺

1)水泥稳定碎石基层应采用沥青混凝土摊铺机或专用的稳定土摊铺机摊铺,摊铺机应具有自动找平、整幅摊铺、摊铺厚度较大、作业速度和供料速度自动控制、预压密实度高的性能。

2)待等候的混合料运输车多于 5 辆后,便开始摊铺混合料,并应保持摊铺连续。

3)水稳层摊铺作业应采用双机联合摊铺方案,其中一台为自动伸缩式摊铺机。

4)双机联合摊铺作业时,2 台摊铺机型号应相同,前后相距 5~10 m,前台摊铺机采用路侧钢丝和设置在路中的导梁控制路面高程,后台摊铺机路侧采用钢丝、路中采用滑靴控制高程和厚度。前后 2 台摊铺机摊铺宽度应重叠不小于 100 mm,中缝辅以人工修整。内侧 1 台摊铺机应采用宽度自动伸缩式摊铺机,以适应内侧宽度变化的需要。

5)在摊铺过程中,摊铺速度应控制在 1~3 m/min,保持匀速摊铺,尽量避免出现摊铺机停机待料的情况。摊铺时混合料的含水量宜高于最佳含水量 0.5%~1.0%,摊铺混合料每层的压实厚度不得超过 200 mm,每层的最小压实厚度为 100 mm。当摊铺厚度超过上述规定时,应分层摊铺,先摊铺的一层应经过整形和压实,在监理人验收合格后,将先摊铺的那层表面拉毛,7 d 养护期过后,再摊铺上层。水泥稳定碎石基层的摊铺操作应注意以下几点:

①保持螺旋分料器饱满分料;

②保持螺旋分料器有 80% 以上时间处于工作状态;

③减少停机或开工次数,尽量避免运料车碰撞摊铺机;

④一次摊铺厚度应根据试验路的松铺系数确定,分层摊铺时,上层厚度应较下层厚度薄;

⑤工程计划要减少横向接缝;

⑥做好横向接缝后立即用直尺检测;

⑦经常检验钢丝绳标高和调整传感器;

⑧经常使用直尺检验基层表面平整度;

⑨保持摊铺机处于良好的工作状态。

6)在摊铺机后面跟随修整小队,对于局部粗细料离析现象,可采用细料进行修补,严重部位挖除后应采用符合要求的混合料填补,挖除深度不得小于15 cm。

7)摊铺加宽部分时,应符合以下要求:

①合理划分摊铺带,确实无法采用机械摊铺的部分应采用人工同时摊铺,人工摊铺前应将机械摊铺和人工摊铺搭接部位松散的混合料挖除,人工摊铺时应采用挂线法控制高程,松铺厚度应适当高于机械摊铺部分。

②应组织熟练工人进行人工摊铺,中途不得停顿,要加快摊铺和碾压,以确保碾压质量。

8)摊铺桥头时应符合以下要求:

①桥头路段宜先完成搭板后,再与主线连续摊铺。

②应在施工前一天对桥头工作面进行彻底清理和修整,处理好欠压实、不平整等问题,并扫除松散材料和所有杂物。

③正交桥头作为摊铺起点时,不允许人工摊铺,应使用相应厚度的垫块,并应严格按照设计衔接路面结构层和过渡板。

④在斜交桥头等摊铺机无法工作的部位可采用人工摊铺,但需控制好操作时间、松铺系数和平整度。

(5)碾压

1)在摊铺、修整后应立即用压路机跟在摊铺机后在全宽范围内进行碾压。碾压应遵循先轻后重、先慢后快、从低到高的原则。

2)碾压程序应按试验路段确认的方法施工。混合料碾压应采用高频率、低振幅的双钢轮振动压路机与轮胎式压路机组合的碾压方法。碾压时,应重叠1/2轮宽,后轮必须超过两段的接缝处。各部分碾压到的次数应尽量相同,两侧应多压2~3遍。压路机压不到的地方应用小型平板式振动器施振密实。

3)严禁压路机在已完成的或正在碾压的路段上调头或紧急制动,以保证水泥稳定碎石层表面不受破坏。

4)压实后表面应平整,无轮迹或隆起,不得产生"大波浪"现象。

5）可用方木或钢模板作侧模进行碾压，或碾压后对边缘进行人工拍打，使边缘整齐、密实。

6）施工中，从加水拌合到碾压终了的延迟时间不得超过试验路确定的延迟时间，并不得超过2 h。超过延迟时间的混合料不得使用。

（6）接缝处理

1）施工中应避免纵向接缝。在不能避免纵向接缝的情况下，必须保证纵缝垂直相接，在下一幅施工前，应将接缝处松散的混合料铲除。

2）每天施工结束后要做施工横缝。首先用3 m直尺检测端部水泥稳定碎石层的平整度，确定切割的范围并画线，然后沿画出的线将平整度不合格的混合料铲除。在全幅范围内的横缝严禁采用企口缝，上下两层横缝要错开。

3）摊铺机摊铺混合料时，如因故中断时间超过2 h，也应设置横向接缝。

（7）土工布覆盖养生及交通管制

1）采用土工布覆盖养生时，应先人工将土工布覆盖在碾压完成的水稳层顶面，然后用水车洒水养生。在养生期内，应始终保持水稳层处于湿润状态。养生结束后，将覆盖物清除干净。

2）用洒水车进行洒水养生时，洒水车的喷头要用喷雾式，不得用高压式喷管，以免破坏基层结构，每日洒水次数应视气候而定。

3）水稳层养生期应不少于7天。

4）在养生期间，应采取隔离措施封闭交通，除洒水车外，严格禁止其他车辆通行。

5）养生完成的水稳层上未铺封层或面层时，除路面施工车辆可慢速（不超过30 km/h）通行外，禁止其他车辆通行，确保水稳层不受到污染和破坏。

4.4.6 质量管理及检查验收

（1）必须建立健全工地试验、质量检查及工序间的交接验收等项目制度。试验、检验应做到原始记录齐全，数据真实可靠。

（2）原材料试验应按照《公路路面基层施工技术规范》（JTJ 034—2000）规定及招标文件技术规范的有关规定进行。

（3）施工过程中，质量控制的项目、频度和质量标准应符合《公路路面基层施工技术规范》（JTJ 034—2000）的要求及招标文件技术规范的有关规定。

（4）施工过程中，外形尺寸检查项目、频度和质量标准应符合《公路路面基层施工技术规范》（JTJ 034—2000）的要求。

（5）竣工工程外形的检查项目、频度和质量标准应符合《公路工程质量检验评定标准》（JTG F 80/1—2004）的要求。外观方面应做到表面平整密实、无坑洼、无明显离析,施工接茬应平整、稳定。

(6)施工标准化图例。

施工标准化图例见图4-4至图4-21。

图4-4 边坡线型顺直

图4-5 土工格栅规范整洁

图4-6 路基划网格填筑

图4-7 填土层厚规范

图4-8 台阶开挖

图 4-9 沥青面层施工

图 4-10 水稳面层施工

图 4-11 桥梁下构外形美观

图 4-12 大桥施工

图 4-13 大梁外形美观

图 4-14　隧道入口整洁规范

图 4-15　隧道内人车分流

图 4-16　钢筋厂规范布设

图 4-17　厂内材料归类堆放

图 4-18　材料归类堆放

图 4-19 拌和站美观大气

图 4-20 拌和站人车分流

图 4-21 员工花园式生活驻地

4.5 精细化管理

4.5.1 基本概念

精细化管理是按照系统论的观点,对涉及工程的各种因素实施全过程、无缝隙管理,并形成一环扣一环的管理链的管理方式。精细化管理要求优化各种资源配置、加强组织结构建设、完善各种制度保障、强化各目标管理,在严格遵守技术规范、操作规程和优化各工序施工工艺的基础上,实现克服各细节质量缺陷,形成整体工程质量优良的目标。施工企业在项目中实行精细化管理,就是要把规范、制度认真落到实处,力求"人"和"事"的细致、细化,进行有机结合管理。

4.5.2 精细化管理方法

(1)精细化管理,关键是优化

对施工中的各个程序进行合理优化、细化,首先应对施工组织设计进行优化,在设计施工总承包模式下,设计施工为一家,前期勘察设计未充分考虑到的或者施工中外部条件改变的,需组织人员进行设计优化,编制更切实、经济、可行的分项工程施工技术方案。其次,是对现有资源进行优化,设计施工总承包模式下,施工单位在材料设备方面有更多的自主权,可根据实际情况选择更合适的搭配方式。

(2)精细化管理,现场是根本

精细化管理归根结底还是要落实到现场管理上。由于工程建设的周期长、受自然条件和客观因素影响大,加之施工图设计深度无法全面考虑自然条件,导致项目的实际情况与项目设计时相比会发生一些变化,所以应重点加强对设计变更、施工过程的管理。在施工中发现问题、解决问题,使产品更符合现实需要。

(3)精细化管理,着眼于精细

精细化管理是一个系统,也是一个过程,涉及工程建设的每项制度、每个环节、每道工序、每个指令,任何一个部分出现问题,都将直接导致精细化管理的失败。着眼于精,要求杜绝粗糙、粗放式管理;着眼于细,要求在整体工作布局下,细化责任、细化目标,向流程要效益。

4.5.3 钟昭高速典型做法

本书选取几个代表性案例叙述如下。

(1)着眼于精细

1)厂站临时用电布设采用地下供电系统。

预制梁厂、钢筋加工厂建设前期,埋设地下电缆,能有效避免线路因重复拖曳导致损坏,既可省去用电设施维护工作的时间和成本,又可避免线路凌乱现象,现场安全文明形象得到大幅提升。图4-22为采用地下供电系统后,厂站地表无线缆场景。

2)预制梁厂采用隐藏式智能喷淋系统。

该系统可根据管理人员设置的参数,严格按照时间节点对梁体进行喷淋养护。传统的喷淋管明敷于地胎两侧,预制梁模板安拆过程或砼浇筑过程中,易造成管道损坏、喷头堵塞等问题。项目将喷淋管道埋设于地胎内部,喷头可根据需要随时进入工作或回缩模式,能有效保护管道和喷头。图4-23为隐藏式

图 4-22 采用地下供电系统后,厂站地表无线缆场景

智能喷淋系统。

图 4-23 隐藏式智能喷淋系统

3)梁板预制钢筋施工全面推广胎架法。

钢筋骨架、面板钢筋等全部在胎架上绑扎加工成整体后吊装入模,确保梁板钢筋加工质量和精度。胎架对应台座,精准放样、卡槽定位、定尺绑扎,能有效控制钢筋骨架尺寸、间距和提高工前钢筋保护层合格率。图 4-24 为钢筋施工胎架法。

(2)着眼于优化

1)结构层平整度控制。

①结构层平整度不理想的原因分析。

a. 两台摊铺机的摊铺方式不够先进;

图 4-24 钢筋施工胎架法

b. 摊铺机的预压时度偏低;

c. 压路机碾压遍数超过试验路确定的最佳碾压遍数;

d. 水稳层施工缝接头处理不到位。

② 关键控制点。

a. 采用路面分公司根据经验总结的先进摊铺方式;

b. 采用性能较好的摊铺机;

c. 控制好压路机的压实遍数;

d. 明确劳务队伍的责任,做好接头质量控制。

③ 提高平整度具体措施。

a. 采用全断面摊铺机代替传统的并联摊铺机进行摊铺作业。

全断面摊铺水稳的施工工艺已经成为常态化的施工工艺,并机联铺摊铺机中松铺的系数不一致,即使是 2 台同品牌同型号的摊铺机,由于物体的相异性,在振动功率和摊铺均匀程度上也或多或少都会存在差异,导致铺出来的水稳层初始压实度不均,影响平整度。同时,并联摊铺容易在中间接缝位置出现一边低、一边高的情况,也难以控制施工中的接缝平整度,导致路面的平整度比较差,采用具有先进性能的中大 DT1800 全断面摊铺机施工则可以避免类似问题。

b. 降低摊铺档最高行走速度,使机器在摊铺时变量液压泵排量增大,容积效率提高,减少摊铺机因负荷变化引起的速度误差,保证行走的平稳性,提高摊铺平整度。

c. 调频变幅超强力双振捣装置。根据不同的摊铺材料和对摊铺层压实度的要求设定振频、振幅,从而达到理想的捣实效果。

d. 严格按照试验路确定的碾压工艺施工。

由于野外施工的特殊性,每一层路面结构层都不可避免地出现一些不平整的地方。在铺筑上层结构时,由于摊铺机铺筑的面相对较平整,对于底层平整度欠佳的部位,将会产生不同的松铺厚度。这时候,压路机在上面碾压将会对平整度的控制产生影响。对于松铺厚度薄的地方,碾压之后标高下降的程度较松铺厚度厚的地方要小。并且随着碾压遍数的增加,平整度偏差越明显。所以,控制压路机的压实遍数时,只要控制在试验路确定的压实遍数即可,可以在保证压实度的同时不至于过压。

e.改进接头处理工艺,形成工后接头检测体系。

根据施工检测数据和实际行车感受,发现平整度不平顺的地方主要集中在碾压的接头和施工缝接头。

碾压接头。以往的施工工艺,要求在每个碾压段交接的地方采用锯齿形的碾压工艺,使碾压的接头错开不在一条线上。同时安排工人对压路机碾压起拱的部分进行铲平处理。实际检测中,发现该处理工艺还有一定的提升空间,项目部参考沥青路面碾压工艺的要求,改进了压路机的碾压方式。除了正常的锯齿状碾压外,增加了压路机"八字"压的方式,利用压路机的光轮面宽的优点,进一步对水稳层进行修平。

施工缝接头。施工缝的处理,除了做好必要的技术准备之外,现场的管理也非常重要。每个施工缝必须装模施工,不能采用压路机直接碾压成斜面的方式,保证接头的平整度。施工缝碾压时,安排工人配合压路机对接头进行修补,采用三米直尺进行检测,将不平的地方采用铁铲刮除。施工新铺筑的接头时,采用双钢轮压路机按八字形的方式碾压,同样需要人工配合压路机,在碾压过程中不停地对接头进行人工找平,必要时采用压路机横压的方式,目的就是确保接头的平顺。

(2)台背回填质量控制

1)台背回填层厚超厚、压实度不足的原因分析。

①台背回填时未分层填筑,甚至存在倾填等现象;

②压路机吨位偏小、碾压遍数不足;

③填料不符合设计要求;

④现场作业人员责任心不强,局部存在漏压现象。

2)关键控制点。

①严格控制台背回填层厚;

②选择符合设计要求的压实机械分层填筑压实;

③严格控制填料质量;

④建立台背回填施工台账、动态管理。

3）提高台背回填质量的具体措施。

①台背回填建档管理，以道或处为单位建立台背回填台账档案。

②根据设计标高和现场实际情况，以规范为最低要求，明确台背回填层数、填料来源、土工信息。

③选择吨位符合设计要求的压路机配合小型夯实机械压实，碾压遍数符合规定，不得漏压。

④在台背两端和中间标识整齐划一的刻度线和层数数字，刻度线统一采用鲜红色油漆，几何尺寸为长×宽=30 cm×1 cm。

⑤回填前必须先自检基坑底层最小填筑宽度是否满足设计要求，有无杂物和积水等不利情况，填写申请单报总监办现场专业工程师确认是否可以进行填筑施工。

⑥现场技术员必须严格按照规范要求控制好现场填筑厚度、填料来源、填筑宽度、碾压效果(重点把控结构物紧邻部位漏压区的夯实情况)，每层保留好影像资料。

⑦每填筑层必须通知分部实验室和总监办实验室进行压实度检测，在保留好原始检测资料的同时，将压实度汇总在每道(座、处)台账档案中进行动态管理。

⑧质量通病治理小组采取专项检查的方式，根据不同阶段对台背回填进行挖检，一旦发现违规施工或质量问题，一律返工处理。

（3）支座安装质量控制

1）支座存在偏压、脱空、不密贴等现象的原因分析。

①支座垫石顶面标高控制不严、垫石顶面不平整；

②支座垫石放样偏位或支座安装偏位；

③落梁时定位不准确；

④支座垫石混凝土强度不足；

⑤四氟滑板支座未填充硅脂油或填充不足。

2）关键控制点。

①严格控制支座垫石标高及平整度；

②支座安装精准定位；

③落梁时定位准确，保持平稳；

④支座垫石混凝土强度控制；

⑤四氟滑板支座硅脂油注入情况。

3）提高支座安装质量的具体措施。

①支座垫石顶面标高准确，表面平整，平面四角高差不超过2 mm，在垫石

施工、混凝土接近初凝时再次定出垫石的中心高程,并用水平尺对垫石整个表面进行找平、压实。

②支座安装时由测量人员放出每块支座垫石的位置坐标及高程,将设计图上标明的支座中心位置标在支撑垫石上,将橡胶支座准确安放在垫石上,保证支座中心线同垫石中心线相重合。

③专人指挥梁板安装,就位后,检查是否与安装线吻合,需要调整时,必须两端同时吊起再次调整,避免支座发生偏歪、不均匀受力和脱空现象。

④架梁落梁时要平稳,防止压扁或产生初始剪切变形。

⑤支座垫石混凝土强度必须满足设计要求,垫石浇筑过程中监理必须旁站,支座安装前必须对支座垫石逐个进行回弹强度检测。

⑥加强四氟滑板支座储油槽内硅脂油注入情况检查,严禁用润滑油代替硅脂油。

(4)隧道初支喷射混凝土质量控制

1)隧道初支喷射混凝土厚度不足、平整度较差的原因分析。

①欠挖没有按要求处理;

②喷射初支混凝土时没有厚度标尺;

③喷射工人技术不够熟练;

④施工工艺落后,洞内作业环境恶劣,工人人为造成;

⑤初支喷射混凝土配合比设计不正确,原材料质量较差。

2)关键控制点。

①淘汰落后施工工艺,采用湿喷、潮喷等工艺;

②严格控制初支喷射混凝土配合比及原材料质量;

③落实技术交底,选择熟练的初支喷射混凝土工人;

④严格控制超欠挖。

3)提高隧道初支喷射混凝土的具体措施。

①淘汰落后施工工艺,采用湿喷、潮喷等工艺,喷射时分片分层依次自下而上进行喷射,后一层喷射应在前一层混凝土终凝后进行;先喷钢拱架与拱壁间混凝土,后将钢架喷成龙骨状,再将两拱之间用混凝土喷平;每次喷层厚度为3~5 cm。

②混凝土满喷初凝后,利用3 m靠尺人工清除结团、凸出的混凝土,确保表面平整美观。

③严格控制材料质量,不合格的材料严禁使用;加强施工配合比控制,并根据现场实际情况合理调整施工配合比。

④落实技术交底,选择熟练的初支喷射混凝土工人,并改善施工作业环

境，配备齐全的相关安全防护用品。

⑤严格控制超欠挖，初支喷射混凝土施工前对开挖断面进行复查并及时处理。

⑥喷射初支混凝土时埋设标志或利用锚杆外露长度作为厚度标尺，确保初支喷射混凝土厚度满足要求。

4.6 建设智慧工地与"四新"应用

4.6.1 智慧工地

智慧工地是指运用信息化手段，围绕施工过程管理，建立互联协同、智能生产、科学管理的施工项目信息化生态圈，并将此数据在虚拟现实环境下与物联网采集到的工程信息进行数据挖掘分析，提供过程趋势预测及专家预案，实现工程施工可视化智能管理，以提高工程管理信息化水平，提高工程质量和安全的施工技术。

智慧工地将更多人工智慧、传感技术、虚拟现实等高科技技术植入到建筑、机械、人员穿戴设施、场地进出关口等各类物体中，并且被普遍互联，形成"物联网"，再与"互联网"整合在一起，实现工程管理体系人员与工程施工现场的整合。智慧工地的核心是以一种"更智慧"的方法来改进工程各级组织和岗位人员相互交互的方式，以提高交互的明确性、效率、灵活度和响应速度。

4.6.2 "四新"应用

"四新"，在工程建设领域是指：新材料、新设备、新工艺、新技术。当前，行业内开始流行"五新"说法，即在原来"四新"的基础上增加了新产品。

4.6.3 钟昭高速"四新"应用典型做法

通过引用"四新"技术推进智慧工地建设，依托"互联网+"、电子信息等平台和技术，提升了工程建设管理的科学化水平。

（1）引入二维码管理

将二维码应用至安全管理、工程质量管理、物资设备管理等方面。例如，预制梁厂全面实施二维码信息化管理，可随时了解梁板所属的桥梁名称、类型、编号、浇筑时间、强度等级、结构尺寸、养生状况、保护层、张拉时间、压浆时间、施工技术人员、监理人员、钢筋布置图等信息。用手机轻轻一扫，梁片资料信息便一目了然，供管理人员随时监控和掌握预制梁质量情况。图4-

25 为二维码智慧管理图片。

图 4-25　二维码智慧管理

(2) HHT-3 液压夯技术

"三背"回填由于条件限制不易压实,通车后易发生较大的工后沉降,从而形成跳车现象,影响行车舒适度。因此,确保"三背"回填的施工质量对改善行车舒适度有重要的意义。为了确保"三背"回填质量,保障行车的舒适度,本项目全面推行 HHT-3 液压夯实技术加强夯实,有效减少填料空隙,提高了填料密实度,保证特殊压实区的回填质量,从而有效降低工后沉降,预防桥头跳车等病害的发生,解决了特殊压实区难于管控的瓶颈。图 4-26 为液压夯。

图 4-26　液压夯

(3) BIM 技术

项目以桂江特大桥为 BIM 技术应用试点对象，建立了桂江大桥下构、上构、临时钢结构及设备等模型，并进行了钢筋与预应力管道碰撞检查、3D 可视化交底、工程数量统计和施工工艺模拟等 BIM 技术应用。

(4) 隧道全断面检测技术

为了避免隧道欠挖，减少超挖，加快施工进度，保证隧道衬砌厚度，确保隧道断面尺寸，本项目采用隧道全断面仪，及时检测开挖断面尺寸，出现偏差及时调整，很好地保证了隧道净空要求。

全断面检测技术在项目中的成功运用，加快了施工进度，第三方检测单位检测结果显示，隧道净空全部满足设计要求，二衬的施工质量均得到很好控制。图 4 – 27 为隧道全断面检测。

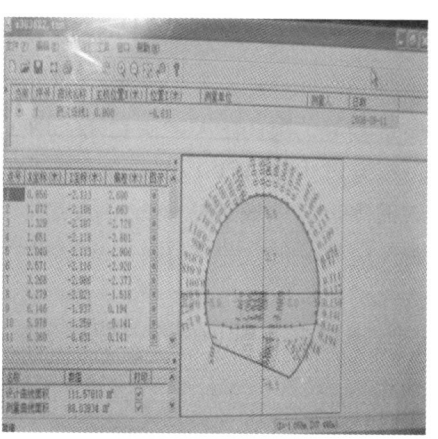

图 4 – 27 隧道全断面检测

(5) 应用智能张拉、智能循环压浆技术

项目预制梁场全面采用智能数控张拉技术，并且在预应力混凝土现浇箱梁中首次采用 4 项智能张拉技术，通过电脑的精准控制，弥补传统张拉技术的不足，使张拉精度、工作效率都得到大幅提高。

采用智能循环压浆技术，通过浆液循环方式排出管道内的空气和杂质，弥补了普通工艺压浆不够密实、水胶比控制不严、安全保障不高等问题。图 4 – 28 为智能压浆机。

(6) 智能喷淋养生系统

为确保预制梁养护到位，避免出现预制梁混凝土强度不足、表面裂缝、外

图 4-28　智能压浆机

观质量差等情况,在大梁预制场采用了新一代的智能喷淋养生系统,该养生系统可以通过手机 APP 控制每个预制台座内的喷头,不仅可以定时、定量地对预制梁的腹板及顶板进行全方位的养生,而且还可以根据天气自动调节用水量,达到节能环保的效果。图 4-29 为智能喷淋养生。

图 4-29　智能喷淋养生

(7) 金属波纹管通道

相比传统的涵洞通道混凝土施工占用大量的人员机械、施工周期长、工艺复杂的特点，金属波纹管通道具有自重轻、施工简单、对地基扰动小的优点，而且金属波纹管通道还可进行工厂集中化生产，生产不受环境影响，现场安装方便，不需使用大型设备。图 4-30 为金属波纹管通道。

图 4-30　金属波纹管通道

(8) 路面施工质量动态监测系统

项目在路面施工中引进了路面施工质量动态监测系统，利用智能远程施工数据自动采集技术及现场施工智能纠偏技术帮助提高路面施工质量、提供远程管理和施工过程回溯手段、提升施工过程管理水平。

(9) 振动式搅拌锅

水稳拌和站引入振动式搅拌锅，使得水稳混合料拌和更加均匀，提高混合料的拌和质量。

(10) 智能物料管理系统

拌和站引入智能物料管理系统，确保了物料动态的实时性和真实性，实现了在线监控、远程监控，以及过磅流程的自动化。全方面监控拌和站生产和动态管理机械设备，使材料管理信息更加直观，为生产提供了良好条件。图 4-31 为拌和站物料监控系统。

图 4-31　拌和站物料监控系统

(11) 微柏软件

质检资料使用微柏软件填写，取代传统的手工填写，使内业资料填写更加规范，归档及时，基本能实现内业资料与外业施工同步。图 4-32 为微柏软件操作界面。

图 4-32　微柏软件操作界面

(12) 圆形抗滑桩挡土板外移

圆形抗滑桩具有施工速度快、安全风险小等优点，但是成品的外观却往往差强人意，钟昭高速的圆形抗滑桩通过将挡土板外移至桩身切线位置，形成桩板墙将桩身包裹隐蔽，同时在桩前和桩顶设花坛种植爬山虎类植物，以美化桩板墙，使得抗滑桩成为高速公路上的一处绿化景观。

(13) RPC 纤维增强活性粉末混凝土隧道电缆沟盖板

RPC 盖板由超细活性粉末、水泥、优质细骨料、高强度纤维等材料通过最优化级配设计,经高温热合等特定工艺制备而成,具有高强度、高韧性、高耐久性和高体积稳定性等特点。

与传统的混凝土电缆沟盖板对比,RPC 盖板具有以下优点:自重轻,是传统混凝土盖板自重的1/3,可以降低安拆人工强度;在同等强度要求下,有效减小截面尺寸,直接减少大量钢材和水泥的消耗,对于保护资源和降低污染具有重要意义;强度高,大大减少了盖板在安装和运营维护期间的损耗率,节约成本。

4.7 工匠精神

4.7.1 概念

工匠精神,是指工匠对自己的产品精雕细琢、精益求精、追求完美的精神境界。工匠们喜欢不断改善自己的工艺,不断雕琢自己的产品,享受产品在手中升华的过程。简单地说,工匠精神就是追求卓越的创造精神、精益求精的品质精神、用户至上的服务精神。

4.7.2 内涵特征

(1)专业、敬业

工匠精神首先体现为拥有高超的专业技能水平,这是工匠们在长期刻苦钻研和磨砺磨炼中积淀下来的专业知识的体现;其次体现为对本职岗位的敬业精神,干一行、爱一行、专一行,他们的目的是打造本行业最优质的产品。

(2)注重细节、精益求精

工匠们把产品的外形美观和内在质地紧密结合起来,在工作过程中高度注重细节,为追求完美和达到极致,不惜花费大量时间精力,孜孜不倦,反复研究改进产品、雕琢产品,以求把精确度和完美度提高到99.99%。

(3)严谨、耐心、坚持

工匠们对待作品一丝不苟,不投机取巧,严格确保每个零部件的质量,对产品采取严格的检测标准,不达要求绝不轻易交货。他们专注于一件作品几年甚至几十年时间,并不断追求进步和提升,不达到心中的目标绝不轻言放弃。

(4)淡泊名利、品格高尚

基于追求名利去制作产品的人,永远无法达到工匠的至高境界;工匠用心做一件事情，来自内心的热爱，源于灵魂的本真，不图名不为利，把产品质量做到极致已经融入他们的生命中。

党的十九大报告指出：建设知识型、技能型、创新型劳动者大军，弘扬劳模精神和工匠精神，营造劳动光荣的社会风尚和精益求精的敬业风气。报告中的工匠精神，是一种职业精神，同时也是职业道德、职业能力、职业品质的体现，是从业者的一种职业价值取向和行为表现。工匠须具备在敬业、精益求精、专注、创新等方面不断突破自我的优良品质。

4.7.3 工匠精神的重要性

（1）提倡工匠精神是促进产业转型升级的需要

当前及今后一段时期，我国仍然面临着经济发展方式转型和产业结构升级的重大任务，实现由制造大国到制造强国的转变，由中国制造到中国创造的跨越，离不开广大职工的创新和创造，离不开对工匠精神的继承和发扬。

（2）提倡工匠精神，是实施"一带一路"倡议，推动中国产品更好走向世界的需要

中国产品在走出去的过程中，其质量常常受到外国标准诟病，因此迫切需要提高产品质量。发扬工匠精神，培养一批高素质的大国工匠，有益于打造高质量产品，提高企业核心竞争力，推动中国产品对标世界标准和树立中国标准。

（3）提倡工匠精神，是满足个性化定制、柔性化生产的需要

李克强总理在2016年《政府工作报告》中指出：鼓励企业开展个性化定制、柔性化生产，培育精益求精的工匠精神，增品种、提品质、创品牌。工匠们都是在各自领域精益求精的专业人才，和个性化定制、柔性化生产具有相同的内涵。

（4）提倡工匠精神，有利于保证企业安全、质量和效益

工匠们专心、专注、严谨、执着的品格转化到产品身上，就是安全、质量，工匠精神能促使企业内部形成爱岗敬业、精益求精的文化氛围，引导全体员工以工匠为榜样，追求安全、质量管理工作水平提升，最终转化成提升企业效益，提高企业核心竞争力的强大动力。

（5）提倡工匠精神，是员工个人的一次生命升华

工匠精神的内涵告诉我们，工作不能仅仅是养家糊口的手段，而应该是对职业的敬畏、对工作的执着和对产品的负责，在工匠精神引领下，追求产品质量的完美、无瑕疵，是工人们自我价值的实现和对社会做出的巨大贡献。

4.7.4　培育工匠精神的途径

(1) 塑造劳动光荣的理念

工匠精神的缺失，从根本上看是劳动光荣理念的缺失。因此，培育工匠精神，培养行业工匠，首先要大力弘扬劳动光荣的理念，纠正重名利轻劳动特别是轻视普通劳动的不良风气。一切身份地位、金钱财富，都来源于辛勤劳动的合法所得，那些通过投机取巧、一夜暴富获得的财富不是成功，也永远禁不起时间的考验。要重视职业教育，创新教育体制，为塑造工匠精神营造良好的社会环境。

(2) 重视对工匠形成的研究

行业工匠不是一日形成的、更不是一蹴而就的，需要花费大量的时间和精力在本职岗位上钻研，并且需要特定的职业环境。要重视对工匠形成过程的研究，特别是对涉及的政策背景、历史脉络、文化体系、技术标准、结构优化、平台建设、成果应用、服务社会等多环节、多方面进行全面、深入和系统的研究，从而为工匠和工匠精神的培养做出更大的贡献。

(3) 企业工会要在工匠精神培育中发挥更大作用

建设职能、教育职能是工会具有的两个重要职能，提高职工素质，教育和鼓舞职工在企业发展中建功立业，是工会的重要任务。在过去的发展历史上，我们大力提倡"干一行、爱一行、钻一行、精一行"，给予高级技工相应的荣誉和待遇，培养出了大量优秀的行业工匠。在新的历史条件下，工会要继承和发扬优良传统，在培养工匠和培育工匠精神中发挥更大作用。

4.7.5　培养"贺巴工匠"

(1) 寻找工匠，用工匠精神铸造品质工程

2017年至2019年，钟昭高速指挥部在项目全线开展劳动竞赛，重点开展"贺巴工匠"评选和表彰活动。通过劳动竞赛和工匠评选，在钢筋焊接、机械操作、架子工、试验工、模板工等各工种中产生了一大批技术娴熟、品格高尚的"贺巴工匠"，并对"贺巴工匠"进行了表彰。各工种的工匠们回到岗位中用实际行动促进项目工程质量提升，有利于打造品质工程。图4-33为"贺巴工匠"技能大比武现场。

(2) 尊重工匠，形成全项目以工匠为榜样的氛围

指挥部明确规定，除对"贺巴工匠"进行表彰外，从总承包经理部(含各分部)每季度的施工奖励中抽出一部分资金作为基金，给予"贺巴工匠"精神和物质双重奖励，凸显工匠在项目建设过程中的重要作用，促使形成全项目建设者

图4-33 "贺巴工匠"技能大比武现场

以工匠为榜样、向工匠学习的良好氛围。此外,指挥部与电视台合作,推出大型系列先进典型人物访谈活动"一个人一段故事",主要向社会大众讲述"贺巴工匠"为钟昭高速建设做出的突出贡献。图4-34为对"贺巴工匠"进行表彰。

图4-34 对"贺巴工匠"进行表彰

(3)培养工匠,让更多的人成长为工匠

指挥部印发了《关于开展培养贺巴工匠工作的通知》《关于印发导师带徒工作方案的通知》等文件,要求和指导承包人将导师带徒工作和培养贺巴工匠工作提升到项目建设管理重要工作上来,并将两者紧密结合,不断培养施工人才、培养贺巴工匠,让更多的建设者通过辛勤劳动、刻苦钻研,成长为贺巴工匠。

4.8 质量通病防治

质量通病属于惯性,是指在工程建设中习惯性出现、经常性出现和重复性出现的质量问题。

(1)出现质量通病的原因

1)地质条件。

高速公路路基线路的选定直接影响后期路基施工质量。在实际施工过程中,常常因为施工选址不当导致路基施工难度增大、不可控因素增加,影响了工程质量。一旦前期地质勘察工作出现失误,加上后续开挖和回填出现问题,就会导致路基出现不同程度的质量缺陷,如开裂、塌陷等。

2)气候条件。

高速公路建设属野外施工,受当地气候、天气、水文、气温等自然条件影响大。例如,我国南方地区多雨,路基施工在上半年正常开工时间少,一般到下半年旱季才能进入施工高潮,且上半年多雨天气容易诱发泥石流、洪涝、滑坡等灾害,影响工程建设;我国东北或西南高原地区冬季温度偏低,降雪天气多,地表或被积雪覆盖,或出现土壤冻结现象,冻土处理难度大。一旦不能很好地处理施工与天气条件关系,就会导致质量问题的出现。

3)设计偏差。

设计是施工的眼睛,是导向牌和指明灯,如果前期设计出现问题,后期施工也会频频发生质量问题。勘察设计不能准确反映高速项目主线及沿线气候条件、地形地貌、人文环境等实际情况,是影响工程质量的重要原因。此外,设计还要强调跟随施工进行适当变更调整,设计变更不符合实际需要也是导致质量问题的原因之一。

4)材料设备不合格。

材料是保证工程质量达标的基础条件,材料不合格为质量通病和质量隐患埋下导火线。例如,路基回填施工,如果将种植土或其他不符合规范要求土壤作为回填材料,就会导致路基沉陷或坍塌;如果混凝土标号不满足设计要求,导致结构物强度不够,就会缩短工程使用寿命。

设备是保证工程质量达标的辅助条件。现代工程建设进度快、质量好、安全事故少,得益于先进生产设备的不断更新换代,使用老旧设备会使工程施工达不到规范要求,从而出现质量问题。例如,在路面水稳层施工过程中,如果单幅使用两台小型号摊铺机并行作业,就会导致路面平整度不理想。

5)员工质量意识淡薄。

人始终是一切要素中的核心要素。作业人员和管理人员质量意识淡薄，对工作不负责任，是导致质量通病的关键原因。例如，作业人员不按照设计要求和施工规范进行操作，混淆工序和指标；监管人员对已经发现的质量问题不重视，不及时要求施工人员进行返工处理，而是瞒报、漏报等。

(2) 减少质量通病的措施

1) 提高设计水平。

在设计阶段，设计人员应对施工作业区域进行实地勘察研究，对主线及沿线气候条件、水文特征、地形地貌、人文环境进行详细调查，对统计数据进行深入分析，以便作为设计的依据。设计图纸应当正确反映工程项目所处环境的真实条件。设计还要强调跟随施工过程对设计失误或设计不满足实际需要的地方进行实时变更，以满足不断变化的施工现场条件。设计人员应在施工过程中提供技术支持，做好施工质量的监管工作；此外，设计人员应依据实际情况进行施工工艺的选择和确定，进而制订科学的施工方案。

2) 建立健全质量管理体系。

建设、监理和施工单位应根据项目实际建立相关的质量规章制度，对各自单位质量管理人员进行明确分工，落实责任制度。质量管理体系还包括成立质量监管部门，对施工工序等进行严格监督，确保施工作业在规章制度下保质、保量进行。质量管理体系还要求制订科学合理的施工标准，确保工程建设各工序、各环节在可追溯的标准下运行，以便针对问题回溯环节，对症下药。

3) 使用合格材料和先进设备。

对施工材料，在使用之前要进行全方位的检测核查，确保其达到施工技术标准。那些不符合要求的、过时的、市场上已经被淘汰的材料，一律拒绝采购、进场。公路工程质量最后体现在平整度、耐久性等方面，因此，在进行路基施工时应对基础和面层进行有效处理，这个过程需要引进使用一些大型滚压机械。先进设备可以保证路基的压实度与稳定性，避免塌方、沉陷等问题发生，提高公路整体使用的安全性。先进设备除在施工阶段对提升质量起辅助作用外，还体现在后期验收检测工作上，那些精密仪器能够对质量不达标、存在质量隐患的单个工程体进行真实反映，以便及时抢救、返工处理。

(3) 钟昭高速质量通病防治工作

1) 质量通病治理重点。

①钢筋加工及安装工程：钢筋连接质量不高，保护层合格率偏低，钢筋安装合格率低。

②模板工程：模板质量差，模板周转次数多、变形大，接缝处理不到位，打磨、拼装、安装工艺粗糙，加固体系不牢固。

③混凝土工程：原材料控制不严，出现气泡、蜂窝、麻面、松散、空洞、不密实现象，接缝错台，色差和留坠，养生不规范（高墩、涵洞、立柱和盖梁），裂缝超限、保护层厚度偏差大、露筋、预埋件位置偏差大、外观粗糙。

④路基工程：清表不到位，台阶设置不合理，挖填搭接不规范，支挡防排工程线型差，砼色差大，三背、主线及便道填筑质量差。

⑤路面工程：沥青和水稳拌和设备老化，原材料控制不严，随意调整混合料油石比，拌和与摊铺能力不配套，摊铺设备老化，作业面规划不连续，施工接缝过多，交叉污染严重。路面各结构层层之间结合不好，透层、封层、黏层油施工方法不当（工艺控制不严、偷工减料、走下限）。沥青混凝土路面泛油、车辙、推移拥包、网状开裂。砼路面断板、养生不到位。

⑥隧道开挖轮廓线差、初喷平整度差、防水板搭接质量不好、二衬错台外观差、洞内砼养生差、沟槽线型差、预留预埋偏差大。

2）重点治理的质量通病种类。

①路基工程：填挖结合部台阶设置不规范，填料超粒径，松铺厚度超标准，挡墙墙面错台，三背回填不规范。

②桥涵工程：

a. 钢筋加工及安装：钢筋受污染、浮锈严重，钢筋焊接质量差，钢筋间距合格率偏低，钢筋保护层厚度合格率偏低。

b. 混凝土成品：混凝土成品表面出现裂缝、裂纹；混凝土成品施工缝明显；混凝土成品出现蜂窝、麻面；混凝土成品表面色泽差；墩柱竖直度差，轴线偏位。

c. 桥梁上部构造：梁板预应力波纹管定位不准确；负弯矩张拉槽位端面倾斜，周围混凝土不密实；梁顶板构造深度不足；梁体中横梁连接钢板或预留钢筋焊接质量差；橡胶支座与垫石或梁板底面不密贴；预留伸缩缝尺寸宽窄不均匀、不符合设计要求。

d. 桥面系：护栏线型不顺直，护栏混凝土外观质量差。

③路面工程。

a. 水稳（底）基层：水稳混合料离析，水稳混合料含水量波动大，水稳混合料施工缝处平整度差。

b. 沥青面层：封、粘层油撒布不均匀，层间结合差。

④隧道工程。

a. 开挖：超欠挖。

b. 初期支护：喷射混凝土背后空洞，喷射混凝土平整度差。

c. 破损。

d. 二次衬砌：钢筋保护层厚度控制不严格，混凝土外观质量差。

3)质量通病防治措施(典型案例)。

①挡墙墙面错台防治措施。

a. 精确测量放样,确定挡墙墙身平面位置,进行立模。

b. 采用厚度大于 5 mm,面积大于 2 m² 的钢模,模板表面平整无变形,接缝处用双面胶密封,接缝平顺、严密、无错台。

c. 模板、支架结构按受力程序分别验算其强度、刚度、稳定性,确保满足要求,防止因模板、支架变形或跑模引起混凝土表面错台。

d. 混凝土定人定位捣固,分层对称、边浇筑边振捣,最大下落高度不能超过 2 m;在混凝土浇筑过程中,定期检查撑杆和对拉杆的紧固程度,发现有松弛的撑杆和松动的丝杆就及时紧固,保持模板的整体稳定性。

②钢筋焊接质量差防治措施。

a. 焊工必须持考试合格证上岗,并进行岗前培训;钢筋焊接前根据施工条件进行试焊,合格后方可正式施焊。

b. 钢筋必须按不同钢种、等级、牌号、规格及生产厂家分批验收,分别堆放,不要混杂。

c. 钢筋采用电弧焊时,须选择合适的焊条,如 HRB400 级钢筋搭接焊时使用 J502 焊条,并且使用前在烘箱烘干。

d. 钢筋电弧焊接时,引弧在垫板、帮条或形成焊缝的部位进行,以防烧伤主筋;焊接过程中应及时清理焊渣,焊缝表面保证平整、无气孔和夹渣。焊缝指标为:长度双面焊 $5d$(d 为钢筋的直径)、单面焊 $10d$,缝宽 $0.8d$,厚度 $0.3d$。

e. 采用二氧化碳气体保护焊时,选择焊接工艺性能优良、抗冷裂的低氢型 ET506 焊丝施焊。

f. 雨天、雪天不在露天现场施焊,钢筋焊接采取遮挡防止骤冷措施。

③混凝土成品气泡、蜂窝、麻面防治措施。

混凝土均采用机制砂拌制,机制砂与传统天然砂最大的差异为:天然砂具有较浑圆的颗粒和光滑的表面,有较好的和易性;而机制砂则具有形状不规则的颗粒、较多的棱角和粗糙的表面,细度模数多为 3 以上,大于 2.5 mm 和小于 0.08 mm 颗粒偏多,导致砼的和易性较差,容易引起砼的外观质量缺陷,主要表现为施工时易离析泌水,成品砼外表面具有光洁度较差、气泡眼较多(石粉含量较多,砼黏稠,空气不易带出)、麻面等外观缺陷。针对机制砂对成品砼易产生外观缺陷的问题可进行如下防治:

a. 考察机制砂生产厂商是否有良好的信誉,是否具备生产优质机制砂的设备和能力,重点考察机制砂母材的质量(不含杂质优质母材)、筛选(强度和压碎值等指标满足要求)、清洗(破碎前、破碎中及成型过程控制石粉含量)、生产加工等工艺和设备是否满足生产优质机制砂的条件,不满足机制砂质量要求和加工质量不稳定的生产厂商,不得进入本项目机制砂供应商入围单位;从源头上控制机制砂的质量。

b.机制砂进场时,严格按规定频率检验颗粒级配、细度模数、泥块含量、石粉含量(含亚甲蓝试验)、松散堆积密度、压碎指标,不满足质量要求的机制砂不得用于本项目砼工程。加强日常巡视,严格按规定频率抽检原材料,不合格的原材料必须清除出施工现场,确保机制砂的质量稳定。

c.配制混凝土配合比优先考虑有引气作用的外加剂,在施工过程中根据施工实际情况,不断优化和调整砼配合比(按砼配合比试配的程序和要求确定),严格控制砼水胶比;根据钢筋间隙控制粗骨料最大粒径,经常检查配料是否准确,做到计量准确、混凝土拌和均匀、坍落度适合。

d.砼施工时采用的模板和脱模剂:砼工程必须采用表面光滑平整的钢模板,脱模剂优先选用消泡脱模剂,该类型的脱模剂能在模板上建立排气通道,可使混凝土表面光滑,提高施工质量;脱模剂的选用,要优选水性脱模剂,少用油性脱模剂,减少气泡在模板上的吸附性,以便气泡能顺模板向上排出。模板拼装前,清理干净模板表面粘有的水泥砂浆等杂物,均匀涂刷脱模剂;模板缝隙,用双面胶带或密封胶等堵严,浇灌混凝土前浇水充分湿润底模。无中系梁的圆柱模板按照一模到顶进行配置。

e.混凝土下料高度超过2 m设串筒或溜槽;浇筑混凝土分层下料,分层振捣,使用插入式振动器移动间距不超过振动器作用半径的1.5倍,且与侧模应保持50~100 mm的距离,砼振捣时间按首件工程总结的时间和砼实际情况掌握,不能过振,也不得欠振。使用附着式振动器或小直径插入式振动器,加强空间较小或钢筋较密部位混凝土的振捣密实,浇筑中,随时检查模板支撑情况,防止漏浆。

f.混凝土构筑物两侧模板的对拉螺栓孔平直相对,采用台钻制孔。在对拉螺杆外套入PVC管,管与模板开口处用透明玻璃胶密封。拆除后剔除对拉螺杆套管多余部分,并用高标号水泥砂浆封堵对拉螺栓孔。

④水稳混合料离析防治措施。

a.在正式拌制混合料之前,调试混合料颗粒组成和含水量,使其达到配合比设计的规定要求。

b.水稳混合料在搅拌站输出时,成品仓放料口距运料车厢的垂直距离不宜大于2 m,呈品字形间歇放料。

c.运料车在运输过程中,匀速行驶,避免急刹车和剧烈颠簸。

d.向摊铺机受料斗卸料时,缓慢提升车厢,切忌速度过快。

e. 摊铺过程中，摊铺机的螺旋布料器有三分之二埋入混合料中，并使螺旋布料器均匀运转，切忌时快时慢；人工找平时，扣锹布料，不扬锹远抛。

4.9 安全管理

安全是在人类生产过程中，将系统的运行状态可能对人类的生命、财产、环境产生的损害控制在人类能接受的水平以下的状态。

4.9.1 基本概念

安全生产管理就是针对工程建设过程中的安全问题，运用有效资源进行决策、组织和控制等活动，尽量减少或避免由工程建设引起的人员伤害、财产损失、环境污染和生态破坏，降低生产风险，促进可持续发展。

安全生产管理具体工作包括：安全生产事故控制、安全生产隐患治理、安全生产、文明施工管理等。

4.9.2 影响安全生产的因素分析

(1) 安全意识

大部分安全事故发生的原因在于人为因素：作业人员安全意识淡薄，作业行为不规范、随意，不注重自我管理，施工时置身于危险位置；管理人员安全意识淡薄，在施工中一味强调追赶进度，不注重安全监督检查，有时即使发现了安全隐患也没有能够及时对其进行整改处理；工程承包单位轻视对一线作业人员的安全培训教育，导致他们对安全操作规范不了解、不熟悉，安全知识底子薄。这些原因都可能为施工生产埋下安全隐患，导致安全事故发生。

(2) 安全经费

安全经费必须坚持足额拨付、专款专用的原则。

安全培训、防护器材、技术设备等安全生产管理物资的采购，都需要从安全管理经费中划拨，有足额的经费才能确保安全管理工作符合标准要求。一旦经费得不到保障，或者被挪作他用，就会导致培训不能正常开展、防护器材数量紧缺、技术设备老旧落后等现象发生。

(3) 技术设备

现代工程管理是精细化管理、标准化管理、智慧化管理，安全管理工作也必须追求精细、标准、智慧。要实现这些目标，除了有一支掌握现代工程管理知识和经验的人才队伍外，还需要有一批顺应时代发展潮流、符合工程现场管理的先进技术设备。例如，钟昭高速安全培训从房建行业引进多媒体培训系统，建设VR虚拟安全培训馆，从公安系统引进执法记录仪等。

(4)管理制度

用制度管人,施工现场管理必须按制度办事、按流程办事,坚决不允许管理人员凭一己喜好随意更改操作规范和操作流程。综合分析工程施工中发生的安全事故,其原因之一就在于安全管理制度不完善,难以约束施工人员的操作行为。安全管理制度上的问题主要体现在:安全管理制度不健全、管理制度涉及的内容不全面不具体、管理人员职责分工不明确等。

(5)生产环境

工程建设属野外施工,受自然环境条件影响大。上半年雨季或夏季台风天气时,大量降雨容易引发洪涝灾害;高速公路主线在山地陡坡穿梭,雨季防护不规范容易引发滑坡、塌方、泥石流等地质灾害;隧道施工遇到不稳定地质地貌时,容易出现坍塌事故;夏季高温天气下作业,容易引发员工中暑;防尘降尘措施不到位,容易引发作业人员的尘肺病等职业病。以上这些,都是生产环境给安全管理造成的压力。

4.9.3 安全生产管理措施

钟昭高速自开工至建成通车,未发生一起安全生产责任事故,主要得益于其采取了科学有效的安全生产管理措施。

(1)管理目标

1)杜绝一般(含一般)以上生产安全责任事故,无重大安全事故隐患。

2)因工死亡人数控制为 0 人,因工重伤率控制在亿元产值 0.25 人以下。

3)控制和消除职业病危害。

(2)管理机构

指挥部、总监办、施工单位成立安全生产管理领导小组,由单位负责人任组长,分管安全生产领导任副组长,各主要安全管理人员为成员,负责领导和组织安全生产管理工作。在 EPC 模式下,总承包部成立安全生产领导小组,下设安全管理职能部门落实安全管理工作。施工分部按照每 5000 万元工程合同金额设置 1 名专职安全员,施工员兼管安全,既管施工又管安全。

(3)安全生产责任制

各单位、各人员除需要贯彻执行党和国家安全生产方针、政策、法律法规和贯彻落实《广西新恒通高速公路有限公司安全标准化实施细则》和《贺州至巴马高速公路(钟山至昭平段)建设指挥部安全生产管理办法》外,需全面落实企业安全生产责任制。企业法人是企业安全生产第一责任人,同时坚持"党政同责、一岗双责、齐抓共管、失职追责",指挥部对各承包人安全生产实行一票否决制。

(4)安全培训

安全培训是指开展各种形式的安全生产法律、法规教育工作,依法对职工进行安全生产知识、安全生产技能培训,增强员工的安全生产意识,提高员工事故防范能力。

1)安全体验馆。

安全体验馆能为员工提供一种接近现实场景的安全体验,通过亲身体验,能把安全措施从冰冷的文字变成切身的真实感受。馆内设置个人防护装备展示、钢丝绳作业体验、综合用电体验、灭火器体验、平衡木体验、倾斜式操作平台体验、安全带使用体验、心肺复苏急救体验、安全帽撞击体验和洞口坠落体验等十项体验内容,见图4-35~图4-38。

图4-35 高空坠落体验

图4-36 安全帽撞击体验

图4-37 灭火演示体验

图4-38 综合用电体验

2)VR虚拟体验馆。

实体安全体验馆优势很多,但也存在一些局限性,新一代"互联网+VR"智能安全体验馆通过虚拟现实技术(VR)及互联网IT技术在安全教育及训练中的应用,可全面提高作业人员的安全意识和自我防范能力。

①VR 安全体验区。

VR(Virtual Reality,即虚拟现实),利用计算机技术模拟出逼真的三维虚拟世界,通过视觉、听觉等让使用者感受到身临其境的效果。体验者通过 VR 眼镜,可直观体验典型安全事故,"亲历"安全事件,评估潜在安全风险,并寻求正确的预防措施。体验内容包括机械伤害、坍塌伤害、物体打击、触电伤害、高处坠落场景、洞口坠落、宿舍火灾体验、爆炸体验、深基坑坍塌体验、防护用品体验、隧道逃生共 11 项常见安全事故。

②消防灭火体验区。

虚拟仿真模拟灭火体验系统,是基于三维图像技术开发的虚拟仿真培训系统,通过虚拟实操方式体验灭火器的使用。模拟灭火体验系统中包含四个基本场景:工人宿舍、油库、配电箱、办公室。针对各场景特点设置不同类型的火灾模拟现场,同时提供干粉、泡沫等灭火器,通过虚拟灭火操作,可以使作业人员根据不同的着火场景选择不同的灭火器,熟知灭火器的灭火步骤。

3)安全隐患排查互动游戏体验区。

安全隐患排查游戏是根据项目主要工种,设置游戏关卡,让体验者通过游戏闯关的方式,查找安全隐患,从而提升一线人员的安全意识与能力。

4)应急救援体验区。

触摸屏一体机人机交互的方式,能让一线人员轻松掌握施工现场急救的常识和方法(包括心肺复苏、创伤包扎、人工呼吸、止血法、骨折临时固定、伤员搬运等 6 项现场急救方式),见图 4 – 39。

图 4 – 39 作业人员在 VR 虚拟安全体验馆体验

(5)违章强制教育

违章强制教育的对象是:在施工中管理失职,未落实国家及地方有关安全生产法律法规要求及行业规范,对公司安全管理制度执行不力,违反安全操作规程、违章指挥、违反劳动纪律,对管辖范围内现场隐患整改不力或拒绝整改,故意破坏公物财产,对生产、生活设施管理、保养不到位,由于个人原因造成项目经济损失和不良影响的人。

强制教育的方式包括:通过多媒体播放可视化内容、PPT课件面授和知识考试。

强制教育内容包括:国家及地方安全生产法律法规要求及行业规范,项目安全生产情况和安全基本知识,从业人员安全生产权利和义务、行业安全事故案例,事故应急救援及防范措施,所从事工种的安全职责、操作规程及强制性标准,自救互救、急救方法,疏散和现场紧急情况的处理,工作环境及危险因素,增强预防事故、控制职业危害和应急处理的能力,安全设备设施、个人防护用品的使用和维护,从事该工种的安全知识、危险源识别、防范措施、劳动保护用品的正确使用方法、施工现场的安全防护、文明施工要求、防止环境污染要求,行业内先进的安全生产管理经验,见图4-40。

图4-40 违章强制教育培训

(6)单元预警法

1)单元预警法。

单元预警法是施工现场安全生产管理的新方法,其以施工安全防范为核心,以生产管理单元的划分、施工现场危险源的辨识和预警信息的发布为主要内容,力求突出安全隐患,强调现场警示,明确防范重点,把安全生产定性认识转变成可控可防的具体安全管理措施。具体来说就是将大的单位工程按照生产工序相对独立、作业空间相对独立、施工范围相对固定和具有明显区域界限的原则划分为若干个小单元;根据所划分单元的生产情况、施工作业环境及当日天气情况进行综合分析,辨识当日危险源,并归纳分级;根据预警等级采取相应的防范措施,并及时将预警向每位施工人员发布,使施工人员了解和掌握生产操作过程中潜在的危险因素及防范措施,提高自我保护能力。

单元预警法具体实施分五个步骤:划分预警单元;熟悉单元情况,检查应用条件;确定预警级别;预警发布;预警监控评价。

2)"一校一会一志"。

"一校一会一志"是开展单元预警法的基础。"一校"是指开办一线工人培训学校,"一会"是指班前会,"一志"是指填写安全日志。

施工单位应设立一个以上一线工人培训学校,学校由项目经理任校长,监理工程师、项目总工和安全管理人员为教员,以安全生产常识为主要培训内容。

班前会要求每个作业班组在每天上班前,由专职安全员和施工员召开作业人员会议,讲解当日施工操作要领、存在的风险源及防范措施等。

安全日志由专职安全员每天填写,主要记录当天的安全生产情况,重点对第二天工序中可能存在的危险源进行梳理,制订相应的防控措施,并及时告知作业人员,必要时履行交底签认手续。

图4-41为一线工人培训学校,图4-42为班前会。

图4-41 一线工人培训学校

图4-42 班前会

(7)安全检查

安全生产检查是落实"安全第一、预防为主、综合治理"方针,发现和消除事故隐患的重要手段,包括定期检查和不定期检查,综合检查和专项检查等。

1)安全生产检查形式及频率。

①指挥部以定期或不定期的形式开展日常安全巡视检查;每月至少组织1次专项安全检查;每季度组织开展1次安全生产考核大检查,会同季度其他综

合检查评比共同实施。

②监理单位每月至少组织1次安全生产大检查,并不定期地开展日常安全巡查、监督及安全旁站工作。

③各承包人要经常性地开展各种形式的安全生产自查自纠活动,每个月至少进行1次安全专项检查,项目主要负责人必须亲自组织、全程参加,特别对隐患及其整改方案必须亲自确认,并签署意见。

2)安全生产检查内容。

安全生产检查内容主要包括:安全管理机构建立情况,专职安全员开展工作情况,安全生产管理制度的执行情况,施工现场安全防护措施落实情况,作业人员掌握安全生产常识状况和遵守安全操作规程情况,此前检查中发现的安全隐患整改情况及其效果,出现安全事故的损失、处理及整改情况等。图4-43为安全生产检查交流。

图4-43　安全生产检查交流

(8)应急管理

1)应急预案。

①一般要求。

应急预案是针对可能发生的突发事故(事件),为保证迅速、有序、有效开展应急救援行动、降低事故损失而预先制订的计划或方案。应急预案是在辨识和评估潜在的重大危险、事故类型、发生的可能性、发生过程、事故后果及影响严重程度的基础上,对应急机构及其职责、人员、技术、设备、物资、救援行动及指挥与协调等方面预先做出的具体安排。应急预案应明确在事故(事件)

发生前、发生过程中以及发生后,谁负责做什么、何时做、怎么做,以及相应策略和资源准备等。

应急预案主要通过采取预防措施将事故(事件)控制在局部范围内,消除蔓延条件,预防重大或连锁事故发生,同时能在事故(事件)发生后迅速控制和处理现场,尽可能减轻事故(事件)对人员、财产和环境的影响。

2)应急预案的结构和内容。

应急预案分为总体应急预案、专项应急预案和现场处置方案。

①总体应急预案。

总体应急预案是项目应对各类突发事件的纲领性文件,是指挥协调相关应急资源和应急行动的整体计划和程序规范。总体应急预案对专项应急预案的构成、编制提出要求及指导,并阐明各专项应急预案之间的关联和衔接关系。

总体应急预案的主要内容应包括:

a. 总则。明确应急预案的编制目的、编制依据、适用范围、工作原则、预案结构体系等。

b. 组织机构与职责。明确项目部的应急组织体系、机构与职责。

c. 风险分析与应急能力评估。描述项目企业概况、风险分析和应急能力评估的结果、突发事件的分类与分级。

d. 预防和预警。明确突发事件的预防措施与应急准备要求、监测与预警要求,信息报告与接报处置。

e. 应急响应。明确应急响应流程、应急响应分级、应急响应启动条件和启动方式、应急响应程序、恢复与重建、应急联动程序。

f. 应急保障。明确应急保障计划、应急资源、应急通信、应急技术支撑、其他保障。

g. 预案管理。明确预案宣传培训、预案演练、预案修订、预案备案。

h. 附则。明确名词与定义、预案的签署和解释、预案实施时间要求。

i. 附件。明确预案支持性附件,如组织机构图及职责分配表、应急通信联系方式及值班联系电话、应急救援队伍清单、重大危险源和环境敏感区域及应急设施分布图等。

②专项应急预案。

专项应急预案是项目部针对具体的事故(事件)类别、危险源而制订的计划或方案。根据可能发生的事件类型及现场情况,明确应急救援的具体程序和具体措施等。专项应急预案是在总体应急预案的基础上针对特定事故(事件)的特点,按照综合应急预案的程序和要求制定。

专项应急预案包括消防安全事故应急预案、交通事故应急预案、防洪防汛应急预案、坍塌事故应急预案等。

专项应急预案的主要内容应包括：

a. 总则。明确应急预案的编制目的、编制依据、适用范围、工作原则、预案结构等。

b. 组织机构及职责。明确突发事件应急每个环节中负责应急指挥、处置、提供主要支持的机构、部门或人员，并确定其职责，清晰界定职责界面。

c. 预防和预警。明确突发事件的预防措施与应急准备要求、监测与预警要求、信息报告与接报处置。

d. 应急响应。明确信息报告和接警、预警，明确信息报告的程序、方式和内容，明确应急响应条件、程序、职责及响应解除条件等内容。

e. 应急保障。明确与本类型突发事件应急响应及救援直接相关的应急保障资源及内外部依托资源。

f. 附则。主要阐述名词与定义、预案的签署和解释、预案实施等内容。

g. 附件。明确专项应急组织机构及应急工作流程图、应急值班联系及通信方式、应急组织有关人员和专家联系电话及通信方式、上级组织和外部救援单位相关部门联系电话、所在地方政府相关部门联系电话、应急响应流程图等。

③现场处置方案。

现场处置方案是针对项目具体装置、场所或设施、岗位所制订的应急处置措施、处置程序。应根据风险评估及风险控制措施逐一进行编制，做到相关人员应知应会、熟练掌握，并通过应急演练，做到反应迅速、处置正确。

现场处置方案的主要内容应包括：

a. 事故特征。明确现场及作业环境可能出现的突发事件危险性，分析、简述现场可能发生的事件及事态。

b. 组织机构及职责。明确应急处置流程图、应急处置工作职责。

c. 应急处置。明确应急处置程序、应急处置要点或外置措施。

3) 应急预案编制。

鉴于应急预案的重要性，应成立以项目经理为组长的编制领导小组，对应急预案的编制及管理进行整体策划，制订工作方案，确定预案编制机构和人员，编制过程控制和时间进度安排等。具体编制过程如下：

①成立应急预案编制组织。

②进行危险分析和应急能力评估。

③应急预案编制。项目针对可能发生的事故(事件)，结合危险分析和应急能力评估结果等信息，按照应急预案编制规范的要求编制相应应急预案。应急预案的编制是自下而上逐级编制完成的，形成了应急预案结构体系。应急预案

编制应充分利用社会应急资源，考虑与所在地政府应急预案以及上级组织、相关单位的应急预案相衔接。

④应急预案评审和发布。

⑤应急预案的修订和更新。项目要根据应急预案评审的结果、应急演练的结果以及日常发现的问题，对应急预案进行修订和更新，确保应急预案的持续适宜性。

4）应急设施、装备与物资。

项目要保证一定的应急资金投入，并在日常工作状态下做好一定数量的应急保障器材物资储备，以备紧急情况下使用。

为加强对相应设备和物资的管理，建立应急设备和物资台账，定期查看和更新储备物资，使之处于有效和正常工作状态，还应定期对应急设备和车辆进行检查、保养和维护，并对检查结果和维护记录进行备案。

在应急状态下，相应设备和物资采取先调拨、后议价的方式，以最快速度保障供应及维持正常的工作状态；应急状态下，设备的维修保障采取先维修、后报告的方式，以满足技术保障需求；应急状态下，医疗设备应急保障组可临时调配临床科室闲置设备，供应急保障使用；应急状态下，应掌握应急物资和设备的库存情况，一旦发现无库存情况，采购员马上联系供应商，确保应急物资和设备及时到位，在处理应急事件的同时根据事件性质和发展程度及时报告上级主管领导。处理完应急事件后按照正规程序补办审批手续。

（2）应急演练

应急救援演练是指政府或企业为降低事故后果的严重程度，以对危险源的评价和事故预测结果为依据，模拟事故发生场景，组织人员进行救援的演练活动。通过事故发生场景和救援场景模拟，达到提高管理人员和作业人员在事故发生时反应能力和救援能力的目的。

1）应急演练类型。

①桌面演练。

参演人员利用地图、沙盘、流程图、计算机模拟、视频会议等辅助手段，针对事先假定的演练情景，讨论和推演应急决策及现场处置过程。桌面演练通常在室内完成。

②功能演练。

功能演练即针对某项应急响应功能或其中某些应急响应活动而举行的演练活动。功能演练一般在应急指挥中心举行，并可同时开展现场演练，主要目的是针对应急响应功能，检验应急响应人员以及应急响应能力。

③全面演练。

针对应急预案中全部或大部分应急响应功能，检验、评价应急组织应急运行能力。全面演练是实战演练，参演人员利用应急处置涉及的设备和物资，针对事先设置的突发事件情景及其后续的发展情景，通过实际决策行动和操作，完成真实应急响应过程。

2) 应急演练过程。

①应急演练准备。

应急演练准备应在演练领导小组得组织下进行，包括制订演练计划、设计演练方案、演练动员与培训、准备应急演练保障条件。

②应急演练实施。包括演练启动、演练执行、演练结束与终止。

③应急演练评估与总结。演练结束后可通过组织评估会议、填写演练评价表和对参演人员进行访谈等方式收集演练实施情况评估资料。演练总结可分为现场总结和事后总结。现场总结是在演练的一个或所有阶段结束后，由演练总指挥、总策划、专家评估组长等在演练现场有针对性地进行讲评和总结。事后总结是在演练结束后，根据演练记录、演练评估报告、应急预案、现场总结等材料，对演练进行系统和全面的总结，形成演练总结报告。

图 4-44 为支架坍塌应急演练。图 4-45 为交通事故应急演练 1。图 4-46 为交通事故应急演练 2。

图 4-44　支架坍塌应急演练

图 4-45　交通事故应急演练 1

系统示范

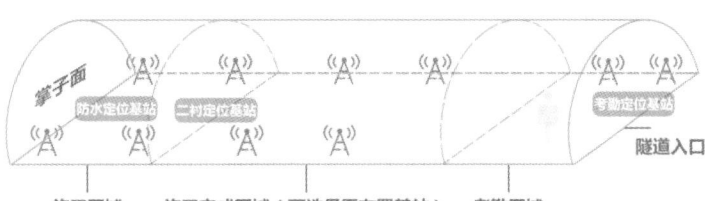

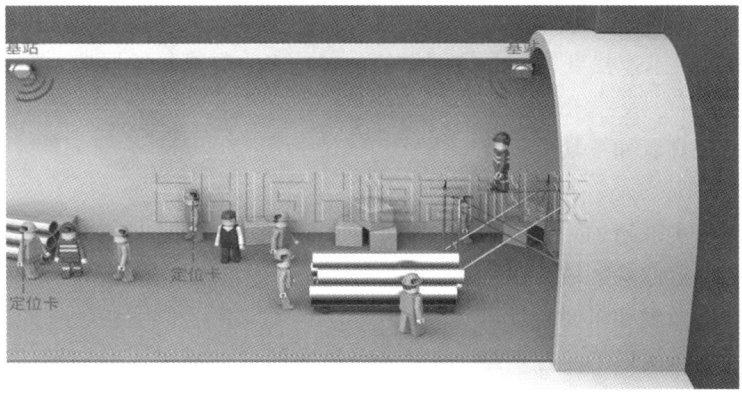

室外型基站

三防型标签

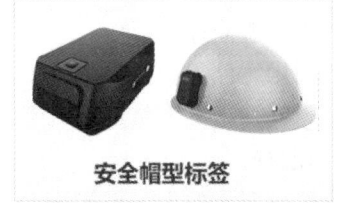
安全帽型标签

图 4-46　交通事故应急演练 2

(9)智慧管理

隧道人员精准定位系统。隧道人员精准定位系统使用 uwb 室内定位技术,采取在隧道内部署定位基站、让施工人员佩戴标签的方式,实时获取人员的精确位置(精度最高可达 10 cm),有效提升对隧道内作业人员的实时动态管理,保障人员安全。

人员定位系统支持全天候考勤,对施工人员进行自动跟踪,可随时掌握员工在隧道内的位置及活动轨迹、全隧道人员的位置分布。此外,一旦遇到隧道突发事故,可迅速找到被困人员可靠的位置信息,提高抢险救灾、安全救护的效率。

该系统具有如下功能:

a. 实时定位人员分布。

系统可实现超远距离区域内/外覆盖,实时获取掌握人员工作位置,查看人员是否靠近危险区域,确保安全施工。

b. 智能考勤和工时统计。

通过隧道洞口的定位基站,自动记录进出隧道的施工人员考勤信息;工时统计软件可实时统计施工人员工作时长,统计每天、每月各时间段的个人或部门考勤信息。

c. 历史轨迹储存和回放。

可无时限存储人员运动轨迹,为事件处理提供决策依据。可按人员或区域回放指定时间段内的人员运动轨迹。

d. 系统寻呼。

有危险情况发生时,控制中心可实时对隧道内人员进行寻呼,下达撤离命令。

e. 撤离与 SOS 报警。

施工人员可通过定位标签实时向控制中心发送 SOS 报警信息，实时告警，实现双向通信，确保安全作业。

f. 静态/动态电子围栏。

可设定静态和动态电子围栏，实现危险区域或危险源的进入权限管理，确保施工人员安全活动范围。

(10) 安全管理微创新。

1) 龙门吊触点式电缆滑槽供电。

龙门吊采用触点式电缆滑槽代替传统的龙门吊供电电缆线，有效解决了龙门吊在走行过程中电缆线随龙门吊在地面上拖行可能造成的电缆线摩擦破损问题。触点式电缆滑槽架空布设，可有效避免人员触碰，杜绝了人员触电风险。

图 4-47 为触点式电缆线槽。图 4-48 为龙门吊电缆防磨损。

图 4-47 触点式电缆线槽

图 4-48 龙门吊电缆防磨损

2) 多媒体安全培训工具箱。

多媒体安全培训工具箱在房建行业已广泛使用，钟昭高速采用该培训工具箱开启了广西区内高速公路行业先河。工具箱集建档、考勤、培训、自学、考试、阅卷、发证等功能于一体，可根据受培人员岗位和培训需求的不同，对培训课程进行自由组合，形成个性化的安全培训方案。其利用视频、动画、语音、模拟等多种模式进行信息传递，让从业人员产生直观的情景认识和感受。有效解决了从业人员对培训内容不感兴趣或听不懂、安全培训课程不全面不系统、从业人员不识字无法进行有效考核、安全培训档案不规范记录不全、安全管理人员开展安全培训工作量大等问题。图 4-49 为安全多媒体培训系统。

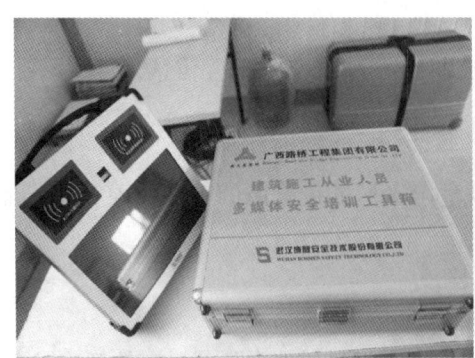

图4-49 安全多媒体培训系统

3）龙门吊液压自动夹轨器。

龙门吊安装液压自动夹轨器，通过继电控制电路和液压夹轨器，龙门吊在断电后液压夹轨器仍可通过液压装置自动对轨道进行夹紧锁死功能，有效避免了操作工人在作业结束后由于偷懒、遗忘等情况未对龙门吊进行夹轨锁死的现象。

4）引入执法记录仪。

项目首次在安全生产管理过程中引入了执法记录仪。执法记录仪在安全生产检查、安全教育培训、安全技术交底、违章违规处罚等过程中，能实时有效地记录安全生产管理过程，留下录像、照片、录音等资料，使安全管理过程有理有据。

安全管理是项目投资建设摆在第一位的工作，意义重大，丝毫马虎不得。在保持安全生产整体可控、形势稳定这条路上，安全费用管理、危险源识别与监控、事故识别、事故报告与处理、职业危害防治、事故隐患查处与整治等工作环环相扣，任何一环出现问题，都会导致安全整体工作出现问题。以上工作因有统一规范的制度可循，这里不做一一介绍。

（11）安全防护标准化建设

钟昭高速编制了项目《安全标准化实施细则》，就安全标志标牌、场站建设、文明施工、消防安全、临时用电、临边防护、路基防护、隧道防护、跨线施工防护、路面施工防护等17项内容做出了明确的标准化建设要求。

在安全防护标准化方面，项目各施工点实行整齐划一的管理，形成安全防护亮点及特色，在行业内树立了标杆，本书简要概述几个典型案例。

1）作业区域隔离防护。

①作业区域周围环境为田地等人口稀少的区域,作业区域与外部环境之间使用高度1.8 m的隔离栅进行隔离防护。

②作业区域周围环境为涉路、村庄等人口、车辆密集的区域,作业区域使用彩钢围挡进行隔离防护,彩钢瓦高度为180 cm,外侧粘贴两道反光警示带。

图4-50为围挡防护标准件。

图4-50 围挡防护标准件

2)施工便道安全防护。

施工便道下边坡高度≥4 m和施工便道急弯处,必须采取安装波形护栏或浇筑水泥墩的刚性防护方式进行便道临边防护。

施工便道下边坡高度大于等于2 m、小于4 m的,采用钢管护栏进行临边防护。钢管护栏涂红白相间油漆,钢管护栏立杆埋深为30 cm,设置上下两道横杆,上横杆距地面高度为1.2 m。

施工便道边坡下方有道路、村庄、作业区等人员密集的路段,钢管护栏的下方必须安装踢脚板,防止落物。

施工便道下边坡高度小于2 m且施工便道较为平顺的情况,设置反光立柱进行临边防护,反光立柱间距为4~5 m,反光立柱间拉设警戒带或三角彩旗带。

图4-51为施工便道防护。

3)涵洞通道安全防护。

图 4-51　施工便道防护

①基坑安全防护。

基坑开挖后,必须及时设置安全防护栏杆,基坑防护栏距坑边距离应大于 0.5 m。

安全防护栏杆由上、中两道横杆及立柱和挡脚板组成。上横杆的高度为 120 cm,中横杆的高度为 60 cm,挡脚板高度应≥18 cm,立柱间距为 200 cm,立杆埋深为 30 cm。所有栏杆应刷红白(黄黑)相间警示漆,红、白(黄黑)漆间距为 30~50 cm,栏杆内侧挂密目式安全网,设置相应的安全警示标志。

基坑施工应设置有效排水设施,基坑周边应设置排水沟,并满足施工、防汛要求。基坑周边 2 m 范围内,严禁堆土、堆料,不得停放机械设备。基坑附近(2 m 以外区域)堆放材料时,堆放高度不得大于 1.5 m。

基坑内必须设置专用人员上下通道,通道搭设必须规范,上下固定牢靠,通道两侧需设置扶手栏杆并挂设密目式安全网,通道步梯必须设置为踏板形式。

图 4-52 为桩基基坑防护。

图 4-52　桩基基坑防护

②涵洞通道墙身施工安全防护。

涵洞通道墙身施工中,人员上下通道要求统一配备"之"字形门式安全步梯,安全步梯的基础必须进行整平和硬化处理。

4)桥梁安全防护。

①桩基孔口安全防护。

a. 人工挖孔桩孔口安全防护。

人工挖孔桩孔口未设置机械的三面,采用钢管护栏进行防护。钢管护栏立杆埋深为30 cm,设置上、下两道横杆,上横杆距地面高度为1.2 m,钢管护栏涂红白相间油漆,护栏内侧悬挂塑料硬性安全网片,并设置安全警示标识。孔口锁口高度应高于地表30 cm以上。

人工挖孔桩孔桩内应有足够照明、通风、排气设施,同时备有人员上下的安全爬梯及安全绳;孔底人员作业区域上方,设置防落物"半月"形安全挡板。

b. 机械冲孔桩孔口安全防护。

机械冲孔桩孔口四周需设置彩钢瓦围栏,防止非作业人员靠近孔口和防止冲孔泥浆四溢污染施工现场。

彩钢瓦围栏尺寸设置要求:孔口未放置冲孔机的三面,距离孔口1000~1500 mm处,安装高度为800 mm的彩钢瓦围栏。彩钢瓦围栏底部必须紧贴地面,转角处必须闭合,以防泥浆流出。

c. 桩基停止作业时,孔口采用钢筋防护网片进行覆盖。钢筋防护网片采用直径为12 mm的钢筋按20 cm间距焊接制成,涂红白相间油漆见图4-54。

②泥浆池安全防护。

泥浆池采用搭设钢管护栏进行防护,钢管护栏涂红白相间油漆,护栏内侧悬挂塑料硬性安全网片,见图4-53。钢管护栏立杆间距为2 m,立杆埋深为30 cm,设置上、下两道横杆,上横杆距地面高度为1.2 m。钢管护栏距泥浆池边缘50 cm。

③高墩施工安全防护。

a. 高墩施工安全要求。

按要求设置脚手架,严禁裸模施工;脚手架安装单位资质符合要求,安装人员应经过专业培训。

墩柱高度超过30 m时,用塔吊作为材料提升设备;墩柱高度为5~40 m时,设置"之"字形门式安全步梯;墩柱高度超过40 m时,安装附着式施工电梯,严禁使用各种起重机械载人。

图 4-53　泥浆池防护　　　　　图 4-54　桩基施工防护

墩柱脚手架的基础应平整、压实,进行硬化处理。

脚手架搭设应设置"之"字形人行斜梯。

高墩施工高处作业时,应设置操作平台,外侧设置安全防护栏杆,必须设置人员上下爬梯;操作平台脚手板应满铺、绑牢,无探头板,牢固地固定在操作平台的支撑上。

爬梯、脚手架、工作平台应搭设牢固,不得与模板及其支撑体系连接。夜间施工必须配备足够的照明设施、发光警示标识。

高墩施工时,应在墩柱 10 m 范围内设警戒区,并派专人监护。墩台施工靠近既有道路时,应采取可靠的安全防护措施,确保过往行人和车辆的安全。

当墩台位于陡坡处时,应按设计要求及时进行边坡支护及排水工程施工。

b. 墩柱防护形式。

墩柱施工防护主要采用钢管脚手架、钢管脚手架搭配"之"字形门式安全步梯以及整体式门式脚手架等形式,见图 4-55。

图 4-55　高墩作业防护

④桥面临边防护。

a. 钢管护栏临边防护。

桥面施工前,梁面两侧应设置防护栏杆并挂设安全网。防护栏杆横杆及立柱采用 Φ48 mm 管材,用扣件或焊接固定,横杆搭接时,接头必须错开,相邻的两个接头不得在同一跨间(两根立杆之间)。

b. 拼装式护栏板临边防护。

拼装式护栏板主体框架为采用 20 mm × 20 mm × 2.0 mm 镀锌方管焊接的九宫格形式,尺寸为 120 mm × 120 mm(每小格为 40 mm × 40 mm);在护栏板 4 根立柱底部,分别焊接长 15 cm 的 Φ20 mm 镀锌圆管,安装时将圆管插入防撞墙预埋筋,见图 4 – 56。

图 4 – 56　桥面防护

⑤临时用电安全防护。

a. 配电系统设置要求。

配电系统应设置总配电箱、分配电箱、开关箱,实行三级配电。动力系统与照明系统必须分设,每台用电设备必须有各自的专用开关箱,开关箱必须做到"一机一闸一漏一箱",有门、有锁和防雨、防尘。

b. 变压器、配电箱应进行隔离防护。

配电箱防护围栏主框架采用 40 方钢(扁钢)焊制,方钢(扁钢)间距按 15 cm 设置,长度为 130 cm,宽度为 100 cm,高度为 160 cm,正面设置栅栏门。防护围栏主框架应刷红白(黄黑)相间警示漆,红、白(黄黑)漆间距为 30 cm,见图 4 – 57、图 4 – 58。

图 4-57 变压器围挡

图 4-58 配电箱

⑥油库安全防护。

储油罐必须半埋设设置,以防止静电聚集;泄油管路与加油管路必须分设,通过加油机进行加油作业。储油罐顶部应设置遮阳棚,四周设置隔离防护。油库应按要求配备泡沫灭火器、干粉灭火器、沙土袋、消防沙池、消防铲、消防桶等灭火消防器材及沙土等灭火消防材料。应设防静电、防雷接地装置及加油车接地装置,接地电阻不得大于 10 Ω。应悬挂醒目的禁止烟火等警示标识和安全操作规程、油库安全管理制度等,见图 4-59。

图 4-59 油库防护

4.10 进度控制

在高速公路建设过程中,进度管理控制成功与否和项目建设成功与否密切相关。通过制订科学有效的进度管理方案整合优势资源进行合理分配,时时监督控制等手段快速推进项目建设,可最大限度降低建设成本,提升建设效益。

4.10.1 影响工程进度的因素

(1)设计方案

勘察设计是工程建设的眼睛、指示标、灯塔,可以说工程建设基本是在执行设计方案的内容,即使建设过程中出现或大或小、或多或少的变更,较整体而言只是九牛一毛,所以设计方案对工程进度影响重大。例如:设计方案的深度是否充分揭示工程地质条件,是否全面考虑生态环境保护,以及主线是否有效避免房屋、杆线、坟墓大拆迁等。

(2)建设资金

高速公路建设耗资巨大,资金充足是决定工程顺利进行的基本因素,也是保证施工进度能够按照计划进行的前提。只有建设单位投入充足资金,才能确保承包人投入充足的人力资源、材料及设备等。在区市共建和设计施工总承包模式下,钟昭高速建设资金来源于地方政府和广西新发展交通集团向自治区财政申请补助以及自筹三个方面。从钟昭高速来看,建设资金充实充盈;但贺巴高速其他段诸如蒙山至象州、象州至来宾以及融水至河池高速因地方政府财政紧张,征地补偿款未能及时到位,导致工程建设迟滞。

(3)作业人员

拥有一支具备现代工程管理经验和能力的队伍是决定工程建设成功的关键。随着工业化水平的提升,虽然机械设备逐渐取代人工成为工程建设的主要力量,但依旧不能取代人在管理中的核心地位。目前,我国多数建筑行业一线工人综合素质有待提高,在工作中对机械设备的操作不规范不科学、安全意识淡薄、掌握的知识不能满足工程智能化发展需要等现象普遍存在,这些都是制约工程建设进度的重要因素。

(4)施工环境

环境对工程建设进度的影响也很大,有时甚至会成为制约项目按期建成通车的重要因素,这里仅以建设对象为标准将其分成内部环境和外部环境。

1)内部环境。

①地形地貌。

高速公路建设是改变地球表面形状的行为,其直接作用于地形地貌,所以地形地貌又成为影响工程建设的重要因素。钟昭高速主线途经地区以山地、丘陵为主,多河流,桥隧比接近30%,施工难度较大,属控制性工程的桥梁有同古互通、桃溪大桥、思勤江大桥、白藤桥、桂江大桥等,隧道有昭平隧道、木兰隧道等。

②气候天气。

项目主线位于广西东中部,属典型的亚热带季风气候,夏季高温多雨;广西接南海,受台风影响大。2017年及2019年上半年,阴雨天气占80%,严重阻滞了项目建设进度。

③管理措施。

管理措施属主观因素,这里包括建设模式、合作方式、建设标准以及采取的工艺方法等。钟昭高速采用区市共建模式进行建设,采用设计施工总承包模式,这两种模式是项目在一系列不利条件下确保质量、安全和进度的重要原因。在管理思路上,指挥部采用"靠前指挥""提供优质服务"等理念,很好地团结了人心、凝聚了力量。

2)外部环境。

①政策。

就全国而言,大的交通建设政策方针一样,各省(市)在地方政策和法规上会存在一定差异;就广西区内而言,高速公路建设依据的法律法规政策一致,区别是地方政府对项目建设的支持力度。地方政府对项目建设的支持则主要表现在对征地拆迁工作的支持上。征地拆迁推进快,项目建设就快,反之则慢。

②社会。

外部环境还包括项目途经地区人民群众对高速公路建设的支持力度。

钟昭高速于2016年年底正式开工建设,原计划于2019年年底建成通车,后自治区交通运输厅根据项目建设实际情况并考虑到迎接新中国成立70周年,修改计划要求于2019年9月底建成通车。建设周期不足3年,建设速度远超自治区同期开工建设的其他高速公路项目。

4.10.2 钟昭高速建设进度快的主要原因

(1)区市共建模式

高速公路建设市场发展到今天,已经很成熟,路基土石方、桥梁、隧道、路面、房屋、交安、机电等分部分项工程建设已有全面而成熟的管理经验,加上先进的施工机械和科学的施工技术,工程施工进度受软硬条件的限制大大降低,反而是天气因素和社会环境对施工进度影响大。

社会环境对施工进度的影响主要体现在征地拆迁工作上。区市共建模式下，因征地拆迁费用、工作由地方政府负责并且承担部分资本金，地方政府从过去协助高速公路建设的角色转变成建设单位，为项目建设在前期筹备上争取到了大量宝贵时间。2016年3月，钟昭高速主线征地开始放线，至5月底全部完成；同年6月开始土地、地上构筑物、附着物丈量和公示、支付，至2016年年底，各地方政府交付土地达到了80%。这为项目在2016年年底进入正式施工阶段提供了最直接的基础保障。区市共建模式具有的其他优势前文已有详细介绍，这里不再赘述。

（2）设计施工总承包模式

EPC模式最大限度实现了施工图设计与施工的合理搭接，二者并行作业，较能合理安排工序，有利于缩短工期。采用EPC招标模式，减少了施工图设计招标环节，钟昭高速在这方面最少节省了6个月以上时间。EPC模式下，设计、施工是一家单位，避免了以往设计和施工方互相扯皮的现象，有利于协调解决在施工过程中遇到的问题，加快建设进度。EPC模式的其他优势，前文已有详细介绍，这里不再赘述。

（3）全产业链优势的发挥

广西北部湾投资集团具备设计、施工、科研、物资贸易、投资运营等多环节能力，具有公路、市政、房地产、水务环保、口岸经济和航空、金融等多领域的产业，全产业链优势明显。各参建单位从集团整体利益出发，不推诿扯皮，将按期并争取提前通车作为各自奋斗目标。

（4）服务型业主

要想项目建设又好又快，团结力量、凝聚人心很重要，一切官僚主义、形式主义、本本主义都不利于密切业主单位和承包人之间的沟通联系。业主和承包人最本质的关系是合同关系：业主按照合同对总监办进行管理，又委托总监办按照合同对施工单位进行监管，一切超脱于合同关系的关系均不利于项目建设发展。

钟昭高速指挥部致力于向承包人提供优质服务、打造服务型业主。为此，指挥部的做法包括（这里只作简单介绍，后文有专门章节对服务型业主进行阐释）：制订和发行《建设单位工作行为手册》，实行靠前指挥方略，坚持"3天1巡查、1反馈、1整改"制度。

4.10.3 进度计划

围绕工期总体目标，结合施工能力制订科学高效可行的进度计划，是确保项目如期完成的重要措施。

(1)编制进度计划的原则和要求

1)EPC模式下,符合总承包合同规定的工期、阶段性目标、里程碑目标和工作分解结构层次以及业主要求。

2)符合总承包项目部进度管理和总承包上级单位制度规定及要求。

3)遵照项目进度策划的内容及要求。

(2)进度计划编制方法

1)甘特图。

在图标制作过程中,将施工时间和施工任务列成表格,采用线条方式表示时间长短,以体现不同施工内容之间的联系。

2)横道图。

这是最常见且普遍应用的编制方法。横道图按时间坐标绘制,横向线条表示工程各工序的起止时间,整个计划由一系列横道线组成。它的优点是易于编制、简单明了、直观易懂、便于检查和计算资源,特别适于现场施工管理。

3)网络计划技术。

该方法能明确反映工程各组成工序之间的相互制约和依赖关系,可以用它进行时间分析,确定哪些工序是影响工期的关键因素,以便施工管理人员集中精力抓施工中的主要矛盾,减少盲目性。而且它是一个定义明确的数学模型,可以建立各种调整优化方法,并可利用电子计算机进行分析计算。

(3)进度计划分类

1)总体进度计划。

总体进度计划应该体现设计、采购、施工与试运行各项工作间的总体协调关系。对总承包单位而言,总体进度计划涵盖从合同生效至项目交付业主各关键阶段的工作内容;对建设单位而言,其涵盖从项目立项到开通运营各关键环节的工作内容。

2)年度进度计划。

这是对总体进度计划的细化,是在总体进度计划的约束条件下,以年为时间单位编制的进度计划。在该进度计划中,应对人员、材料、设备、技术等因素进行分析和规划。

3)月度进度计划。

这是对年度进度计划的具体细化,需达到可以实施的程度,标明工程建设所有重要内容,实施过程中应以周为时间单位将计划与实际情况进行对照,分析偏差、调整偏差,确保总体进度计划的实现。

4.10.4 进度控制

(1)各单位职责

1)指挥部。

每年1月召开年度生产会议,总结上年施工生产情况,下达当年施工计划;每季度末月召开季度生产会议。

2)施工单位。

对批准的旬(周)、月进度计划积极落实。

①做好工程统筹、计划工作,合理编制施工进度计划,绘制总体计划网络图,优化施工组织设计方案。

②根据指挥部批复的年、季度进度计划,编制月、旬(周)施工计划。

③根据工程进度计划,合理安排施工工点和施工工序,减少施工冲突。

④利用网络计划法、施工横道图等措施,结合项目工期进行周密计算,逐月调整施工组织。

⑤每季度至少组织一次对所设项目经理部履约情况的全面检查,企业法人或代表应当面向业主汇报检查结果,并附书面汇报材料。

3)总监办。

对施工单位所采取的进度措施落实情况进行督促、检查,如果发现有落实不到位的现象,应以监理指令的形式要求其整改。

(2)进度检查

根据旬(周)报、月报等,指挥部不定期抽查现场形象、进度、关键路段、路线中关键工程的进度情况,每季度定期检查进度情况,并将进度情况和年度计划、总体计划进行对照,查找偏差和进行偏差纠正。

(3)进度计划调整

当工程施工进度与计划发生重大偏差时,由指挥部组织工程进度协调会,就产生偏差的主客观原因进行协调,协商解决办法,调整进度计划,以满足总体进度计划要求。

4.10.5 进度报告

(1)月报

报告内容主要包括:项目整体进展情况及当月进展情况,计量计价情况,质量、安全、环保情况,存在的问题和解决措施分析,当月进度完成情况和下月进度计划等。

(2)年报

报告内容主要包括：当年进度计划完成情况，次年进度计划，年度工作主要问题和解决措施分析等。

项目控制性工程实行日报制。

4.10.6 钟昭高速典型做法

（1）保通车"一队一号"

保通车"一队一号"活动的核心目标是调动各方力量，确保项目按期通车，同时确保质量、安全、环保等管理工作取得良好成绩。"一队"即保通车"突击队"，"一号"即保通车"集结号"（保通车"一队一号"活动后文有详细陈述，这里仅讲解与进度有关的保通车"突击队"）。保通车"突击队"针对控制性工程设立，一项控制性工程成立一支突击队，设立队长一名、队员若干，负责该工程进度突击工作。具体工作内容和流程如下：

突击队以保通车为总目标，围绕突击工程制订进度总体计划和季度、月度进度计划报总监办和指挥部审核批复；突击队严格执行批复后的进度计划，围绕计划组织人力、物力资源；指挥部、总监办组成督查组按月、季度对突击队工程进展情况进行检查；突击队针对检查发现的问题进行整改，并及时调整计划；在工程完工后，指挥部对突击队整体工作进行评估，给予奖励或处罚，见图4-60。

图4-60 保通车"突击队"

(2)青年突击队

青年突击队是集合青年员工智慧和力量的平台,指挥部针对项目建设"急、难、险、重、新"任务成立青年突击队。青年突击队作为争创青年文明号的核心内容之一,每支突击队设队长一名、队员若干,针对突击任务制订工作计划,围绕计划调配物资和技术,按月、季度进行考核,年终进行奖惩。青年员工有干劲、思路新、力量足,项目建设过程中涌现出来比较典型的几支青年突击队包括:桃溪大桥青年突击队、木兰隧道青年突击队、同古互通青年突击队和征拆遗留问题青年突击队。他们在克难攻坚工作上取得良好成绩。指挥部获得自治区交通运输系统2018年度"青年文明号"称号。图4-61为桂江大桥青年突击队。

图4-61 桂江大桥青年突击队

(3)保通车督察和控制性工程督察

1)保通车进度督察。

围绕保通车,针对剩余工程量,指挥部成立保通车进度督察组,以完成路槽交验进度节点目标和关键控制节点目标为主导,细化和制订路槽交验节点计划、关键控制节点计划,督促节点计划的完成。

2)控制性工程进度督察。

指挥部高度重视对桂江大桥、大梁预制场等控制性工程的进度管理,成立桂江大桥等控制性工程进度督察小组,全面负责控制性工程进度管理工作。

4.11 品质工程软实力

软实力是相对于硬实力而言的,是指文化、价值观念、社会制度等影响自身发展潜力和感召力的因素,简单地说,一切非物质化要素构成的实力就是软实力。从企业层面讲,软实力是指企业以直接诉诸心灵的方式,对外占领利益相关方的心灵,对内依靠员工心智能量以达到企业目标的能力。在企业内部,企业文化、管理制度、组织模式、领导能力和创新能力是其软实力资源,而在企业外部,品牌服务、社会责任和企业知名度三个方面则是其软实力的资源基础。

4.11.1 品质工程软实力

品质工程软实力主要体现在文化方面,包括建设人员对品质工程概念的认知度、认同度,执行建设品质工程要求的能力,也包括品质工程运行环境和建设单位为推行品质工程所制订的一系列规章制度。

(1)构成品质工程软实力的因素

1)运行环境。

环境分自然环境和人文环境,这里单指人文环境:一方面,参与项目建设的人员构成,以及他们对品质工程的认可程度和参与程度直接影响品质工程软实力;一方面,项目所处地区党委政府对推行品质工程的支持力度大小,也直接决定其软实力的高低,这方面因素主要体现在法律法规和政策上;一方面,项目途经地区民风民俗,特别是当地群众对高速公路建设的期望值关乎项目施工进度,也是构成品质工程软实力的重要因素。

2)员工素质。

人是品质工程软实力中最活跃最直接的因素,项目建设员工的素质与品质工程软实力紧密相关。员工素质关系品质工程软实力的内容主要包括:一是员工文化程度,建设品质工程要求推行现代化工程管理,现代化管理的核心要义是科学化、智慧化和信息化,这就需要有较高文化水平的员工与之相匹配;二是员工管理经验,文化水平决定专业素养,知识仅停留在纸面上,而员工直接作用于品质工程的是实操能力,建设品质工程需要一批在安全、进度、质量、环保等各项工作上有丰富管理经验的员工;三是员工自觉意识,能力都有了并不代表事情就能做好,同样道理,员工素质高低并不代表品质工程水平高低,关键是看具有较高素质的员工能否专注于品质工程建设,包括他们对品质工程内涵的认知、对建设品质工程的认同和愿意为建设品质工程倾注的心血。

3) 品质工程文化。

品质工程文化主要包含两方面内容：品质工程内涵和参建单位文化氛围。

①品质工程内涵。

以提升质量、保障安全为核心，包含以人为本、本质安全、全寿命周期管理和价值工程理念。在内在质地上体现工程具有的功能、耐久性、可靠性、适用性，在外在品位上体现建筑艺术美、工程技术美、生态协调、文化融入以及后期服务、社会认可等。

②参建单位文化氛围。

建设、监理、总承包（各分部）等单位通过各种平台对品质工程进行宣传，扩大品质工程影响力，促进员工对其接受和认同；组织各种形式的品质工程创建活动，弘扬工匠精神，提高员工建设品质工程能力；确立以打造品质工程为核心目标的建设理念，号召全体参建人员树立品质工程荣辱观，形成全员参与建设品质工程的浓厚氛围。

③规章制度。

关于建设品质工程，国家交通运输部自2016年至2018年陆续出台了一系列指导性文件，广西壮族自治区交通运输厅也制订了指导性方案，这里不一一列举。

钟昭高速制订的《贺州至巴马高速公路（钟山至昭平段）项目品质工程建设实施方案》是指导项目建设品质工程的总方案，总监办和总承包经理部依据自己在建设品质工程工作上的职责细化了该方案，最终形成了一整套指导性文件。方案内容包括：组织机构、建设内容、考核细则和奖惩措施。

4.11.2 提高品质工程软实力的困境

（1）一线参建人员文化程度偏低

据统计，总监办员工专科及以下文化水平人员占总人数比重为71%，总承包部为33%，各施工分部为47%，施工分部劳务协作队伍人员文化层次以初高中为主，整体来说，一线参建人员文化程度偏低，缺少高文化层次人才，在建设品质工程过程中，作业人员品质工程专业知识匮乏。此外，作业人员对品质工程内涵理解不透彻，认为品质工程单纯与工程质量相关，而未将安全、环保尤其是地域文化和以人为本等理念纳入日常管理中，加之很多员工初次接触品质工程建设工作，管理经验不足。

（2）运行环境困境

1）地方政府支持力度。

按照属地管理原则，地方政府对境域内工程项目安全、环保等工作实施监督查管理，但他们缺少高速公路建设管理经验，对项目建设过程中的一些工作诸如临时用地取、弃土场使用和安全围挡防护等措施不理解、不支持，采取的一些勒令停工整顿、强制要求恢复原貌等行为影响了工程建设的整体布局。

2）沿线群众支持力度。

征地拆迁是高速公路建设的拦路虎，直接影响工程建设进度。从总体环境上看，人民群众对交通基础设施建设持期望和支持态度，他们对因工程建设给日常生产生活带来的暂时性不方便表示理解。但当工程建设涉及房屋拆迁、土地征收、坟墓迁移时，部分群众对补偿标准不满意、不接受，要求建设单位或地方政府以他们提出的标准给予补偿，在双方不能达成一致意见时，群众往往以此为由对工程施工进行阻拦。工程进度迟滞不前，无法按照合同约定或交通主管部门确定的日期实现通车，品质工程也就无从谈起。

（3）承包人追求利益最大化

总监办、总承包经理部（各分部）等承包人属营利性单位，追求利益最大化是他们一切工作的动力源泉。在不损害其利润的前提下，推行和打造品质工程是他们乐于接受的事情，一旦在建设品质工程过程中需要他们增加资金投入，降低了他们的利润期望值，也就降低了他们追求品质工程的积极性和主动性。建设品质工程归根结底需要依赖承包人的实际工作来实现，因此，如何正确处理承包人利益和推行品质工程之间的关系，需要建设单位认真思考。

（4）制度执行力软化

1）建设单位制度执行监督缺陷。

钟昭高速指挥部制订了建设品质工程的方案和措施，明确了承包人在建设品质工程工作上的职责和任务，但在实际制度执行过程中，建设单位未能将品质工程规范要求与日常监管工作进行有机结合，例如：施工单位违反安全或质量规定，违规作业，建设单位仅从违反项目管理规章制度上进行处罚，而未将之与品质工程要求进行对接。或者说，当承包人不按建设品质工程方案操作，违反品质工程规范要求时，建设单位未能给予其对应的处罚。品质工程建设方案在实际运作过程中，一部分流于形式化，并没有按照方案规定定期进行总结回顾和反思提高。

2）承包单位制度执行力度软化。

与建设单位的监管缺陷相对应，承包人在没有严格的制度执行监督压力下，渐渐放松警惕，降低了对建设品质工程的要求。他们认为，只要符合建设单位制订的安全、质量、环保等规范要求，不出现安全、质量、环保等责任事故，就已经是对合同条款的良好执行了，至于产品是否同时符合建设品质工程要求，不在他们思考的范围之内。建设品质工程，不单单是产品基本达标，还需要在各方面对标高标准。

4.11.3 提高品质工程软实力的措施

(1) 优化运行环境

1) 加强与地方政府沟通。

加强与地方政府安监、环保等职能部门沟通联系。在项目进场初期，即与环保部门就项目沿线环境重点保护区如饮用水源一级、二级保护区进行勘探勘察，研究水源保护方案措施；就项目沿线地质脆弱点进行勘探勘察，针对滑坡、泥石流等地质灾害易发地区出台避害措施，减小因施工导致的水土流失、水土污染事件发生。加强与安监、环保等部门沟通联系，双方就品质工程建设相关要求和事宜开展研讨、座谈等业务交流活动，针对安全标准化建设和绿色公路打造等管理标准达成共识，尽量减少在施工过程中出现大额罚款和停工整顿事件。

2) 和谐企群关系。

加快发展交通基础设施建设，加快经济发展提质增效，归根结底是为了满足人民群众日益增长的物质文化需要，简而言之，地方交通建设服务于地方人民群众。所以，建设品质工程与满足项目沿线群众正当合理要求在本质上是高度一致的。和谐企群关系要求在项目建设前期经过充分的勘察设计，避免主线多占农田、多占房屋、多占祖坟，避免主线线路影响和破坏群众风俗习惯；在施工过程中，要求不影响群众日常生活，减少泥壤污染、空气污染、水源污染等破坏环境事件，对已经造成的水系路系破坏，应尽快恢复；各参建单位还应当在建设周期内，给沿线群众提供适当的帮助，例如为群众修路架桥、捐资助学、提供就业岗位等。只有和谐企群关系，尽可能多地争取到群众对工程建设的支持，才能确保项目如期、安全和高质量建成。

(2) 提高员工素质

1) 优化人才结构。

建设品质工程的核心条件是具备一批高素质人才。优化人才结构一方面要求提升参建人员文化层次，除后勤保障和劳务协作人员外，无论是一线管理人员还是中高层管理人员首先应当接受过良好的专业教育，他们在日常管理中要有良好的专业学识修养；另一方面要求参建单位吸引和留住即使文化层次不高但具备丰富管理经验的员工，这些员工在工程建设各岗位上摸爬滚打十数年甚至更长时间，他们已经积累了进度、安全、质量、环保等各方面丰富的管理经验。另外，优化人才结构要求参建单位对管理人员进行合理搭配，既不能全部是高文化层次而缺乏管理经验的员工，也不能全部是管理经验丰富的员工，二者应按比例进行组合。

2）强化品质工程培训。

选人用人和优化人员结构是基础，提升建设队伍整体综合素质关键在培训。品质工程培训内容主要包括：一是品质工程概念内涵，要让建设人员理解和掌握建设品质工程主要包含哪些工作；二是建设品质工程的具体做法，例如标准化建设、"四新"应用、智慧工地等。品质工程培训方式主要包括：一是分析总结，定期召开品质工程建设工作总结会，分析研判形势、找准问题原因、提出解决办法；二是专业知识学习考试；三是参观交流，定期组织建设人员到内部标杆项目、外部行业模范学习先进管理经验和典型做法。

(3) 平衡承包人利益和品质工程关系

既然利益是承包人一切工作的动力源泉，那么指挥部在基础管理工作上就不应该损害承包人的利益。而且也没有理由损害承包人的利益。维护承包人正当利益追求和建设品质工程是和谐共生的关系。当然，这里仅指依法依规依合同条款维护承包人的正当利益。在立项初期，建设单位可以将推行品质工程写进总承包合同条款，并按照合同总价的一定比例设置品质工程奖项，用以奖励承包人在建设品质工程工作上取得的突出成绩。

(4) 加大制度执行力度

1）建设单位加强制度执行监管力度。

建设单位应将品质工程写进总承包合同条款，并将品质工程方案写进标准化建设实施细则，使建设品质工程成为项目基础管理工作，成为承包人必须履行的职责。同时指挥部制订一整套行之有效的监管制度，督促承包人切实执行建设品质工程的规范要求，并将品质工程建设情况纳入指挥部月度、季度和年度检查考核内容之内，明确和严格考核奖惩制度，对在建设品质工程工作上取得成绩的给予奖励，反之则给予相应处罚。

2）建设品质工程成为承包单位内生动力。

质量和安全是企业的生命。承包单位为长远计，应将品质工程纳入企业发展战略，树立标杆、打造品牌，以不断提升社会知名度和扩大市场占有份额。从这方面考虑，推行品质工程应是承包单位促进自身发展的措施之一。在市场竞争日趋激烈的今天，承包单位要想在交通基础设施建设行业站稳脚跟，就必须勇于改革和创新，用实力说话，所以，建设品质工程应该成为承包单位加强管理的内生动力。

4.12 地域文化融入

(1)文化

文化是非常广泛的概念,简单来说文化是人类生活要素形态的统称,对文化概念的解读,人类一直众说纷纭。但总的来说,文化是相对于政治、经济而言的人类全部精神活动及其活动产品的综合。文化是人类社会特有的现象,是人类这个智慧群族的一切社会现象与内在精神的既有、传承、创造、发展的总和,它涵括人类从过去到未来的历史,具体包括历史、地理、风土人情、传统习俗、生产工具、附属物、生活方式、宗教信仰、文学艺术、制度规范、律法、思维方式、价值观念、审美情趣、精神图腾等。

(2)地域文化

地域文化一般是指特定区域源远流长、独具特色、传承至今仍发挥作用的文化传统,是特定区域的生态、民俗、传统、习惯等文明表现。它在一定的地域范围内与环境相融合,因而打上了地域的烙印,具有独特性。地域文化中的"地域"是文化形成的地理背景,范围可大可小。地域文化中的"文化",可以是单要素的,也可以是多要素的。

地域文化的形成是一个长期的过程,是不断发展、变化的,但在一定阶段具有相对的稳定性。不同地域的文化,具有不同的个性特征,具体表现在它的语言、饮食、信仰、建筑、环境等各方面的不同。

(3)地域文化融入品质工程

品质工程要求在外在品位上体现建筑艺术美、工程技术美、生态协调、文化融入以及后期服务、社会认可等,文化融入是建设品质工程的一个重要元素。地域文化因其特殊性而具有深刻的魅力,融入地域文化能给品质工程打上地域风采烙印,给使用者不同的视觉享受。

1)分析挖掘。

地域文化是一个地区的人口在成百上千年漫长岁月中积淀形成的,有些地域文化因得到良好的传播,为世人所熟知;有些地域文化则潜藏在当地人的日常生活起居中,需要被寻找和挖掘。

高速公路品质工程建设,对地域文化的分析挖掘要在前期勘察设计环节体现出来,应会同当地政府文化部门对地域文化进行深入研究。地域文化种类繁多,它既体现在当地人的衣、食、住、行上,也可以体现在语言、宗教、建筑等各方面,并不是所有的文化元素都适合融入品质工程。

2)弃"恶"扬"善"

对搜集整理的地域文化元素,应摈弃其"恶",即糟粕,如封建迷信、尊男轻女、宗族帮派等;而发扬其"善",即符合社会主义核心价值观,帮助引导人们树立正确的人生观、价值观、世界观的文化要素。

3)合理利用。

基于地域文化的品质工程实质是对地域文化精华部分的传承和发扬,不应滥用或给人以误导。每个地域文化都有其特殊的文化符号,融入地域文化具体就是对其特殊符号的借用。

①直接引用。设计人员可以在品质工程方案中对地域文化符号进行原封不动的直接引用,或引用其局部,或引用其整体。比如昭平县黄姚古镇建筑外观为典型的徽派风格,钟昭高速部分收费站墙体外部直接采用了这种风格。

②改造引用。地域文化符号可能过于夸张奔放或含蓄隐晦,也可能过于纷繁复杂,在应用到高速公路品质工程时,针对夸张和复杂的,设计人员可适度进行简化,对含蓄隐晦的,则可以适度夸大,总的原则是符合交通出行的快和易于让人接受。

③创新引用。地域文化经过长时间积淀,大部分元素都是固定不变的,在引用到品质工程过程中,设计人员可以把文化和交通结合起来,创造出典型场景、图案雕塑等与众不同的景观设计。比如钟昭高速在昭平茶文化基础上进行创新创造,以隧道外墙采茶女浮雕、绘画形象,将茶文化展现给过往的司乘朋友。

(4)徽派建筑艺术风格

徽派建筑从赣派建筑衍生而来,其作为徽文化的重要组成部分,历来被中外建筑大师所推崇,主要流行于徽州(今黄山市、绩溪县、婺源县)及严州、金华、衢州等浙西地区。

徽派建筑以砖、木、石为原料,以木构架为主。梁架多用料硕大,且注重装饰;在总体布局上,依山就势,构思精巧,自然得体;在平面布局上,规模灵活,变幻无穷;在空间结构和利用上,造型丰富,讲究韵律美,马头墙、小青瓦最有特色;在建筑雕刻艺术的综合运用上,融石雕、木雕、砖雕为一体,显得富丽堂皇。

黄姚古镇建筑采用了徽派建筑艺术风格,属昭平县一大特色。钟昭高速服务区、收费站、管养中心部分建筑对徽派建筑艺术风格进行了改造性融入,既是地域文化在品质工程中的彰显,也符合现代观众对古典艺术的审美。

图4-62为钟山服务区。

图4-62 钟山服务区

(5)昭平茶文化

昭平县地形多山地丘陵发育，土壤砂质、排水性能好，全年降雨充沛，且上半年高山云雾多、空气湿度大、漫射光强，很适合茶树生长。因此，茶叶是昭平县新兴的绿色支柱产业之一，将军峰银杉、凝香翠茗、桂江碧玉春、象棋茶等昭平茶系列品牌驰名中外。

钟昭高速品质工程建设对茶文化的融入主要体现在两个方面。一是对茶文化符号的引用，将茶叶形状和采茶女形象融入服务区建筑内饰和高速公路隧道墙体外观，使过往的司乘朋友处处感受到昭平境内浓郁的茶文化特色。二是发展茶产业，通过"交通+旅游"融合发展模式，把昭平茶业经济引进高速公路服务区经济，以茶叶展示、售卖和茶叶基地旅游等方式，提高高速公路运营效益。

图4-63为隧道墙体外观。

(6)贺州生态文化

贺州是世界长寿市，长寿文化源于其良好的生态环境。钟昭高速途经贺州市钟山县、昭平县，两县森林植被覆盖率高，水源地水质好，空气环境质量好。项目对贺州生态文化的融入主要体现在景观设计方面。

1)桥梁景观。

设计人员对钟昭高速的跨路、跨河、高架桥进行汇总分析，对重要节点的桥梁进行适当景观设计(如桥头堡、铭牌、外装饰夜景等)，并提出合理的色彩

图 4-63 隧道墙体外观

涂装设计。既充分考虑桥梁结构视觉效果也考虑桥梁融入两侧生态环境效果,通过桥梁的色彩搭配和材质的选择,确保其与周围环境相协调。

2) 隧道景观。

隧道因空间有限,容易给行车造成压抑烦闷的感觉,通过景观设计,运用灯光、色彩等对隧道空间进行人性化处理,可有效提升隧道内行车舒适度。隧道口在原有结构基础上,采用自然式的绿化布置手法,将不同植物分散或组群布置,形成自然式的植物群落,将隧道端墙与周边环境融为一体。

3) 路基边坡景观。

路基边坡是道路的重要组成部分,为保证道路的安全与稳定,必须对路基边坡进行防护。边坡防护主要包括植物防护和工程防护。景观设计在安全的基础上,充分考虑河流、水域、森林景观,使行车安全和视觉美感合二为一。

4.13　全寿命周期管理

(1) 概念

高速公路项目全寿命周期集成化管理涉及项目的全过程、全方位、全系统,是将先行管理模式中相对分离的决策阶段开发、实施阶段建设管理和运营阶段物业管理等工作,运用管理集成思想,统一管理目标、管理任务、管理组织、管理手段为一个有机体,并建立集成化管理系统,实现高速公路项目整体功能的优化和整体价值的提升,使项目面向运营最终功能,创造更大的经济、社会和文化效益的管理模式。

全寿命周期集成化管理要求在设计阶段就考虑到产品寿命历程的所有环节,让所有相关因素在设计阶段得到综合规划和优化。

（2）发展过程

市场竞争日趋激烈，人们逐渐认识到利用有限资源创造无限价值的重要性。西方国家在二十世纪60年代就提出：应该设计出能一次生产成功的产品，以有效利用生产资源，获得最大的效益。美国国防部在20世纪七八十年代指示防御分析研究所对全寿命周期设计及其用于武器系统的可行性进行研究，致力于并行工程的设计、开发和促进技术以及相应的实践和标准工作。美国国防部在军工生产中也在向全寿命周期设计方向发展，其武器系统的试验项目、全规模开发项目及生产项目都采用了这种方法。

在中国，通过"九五"攻关和国家"863"项目的组织实施，我们在CAD/CAM、并行工程、工程广义优化和全寿命周期设计技术方面具备了较好的基础，很多高等院校相继开展并行优化、并行工程技术的研究工作，到20世纪90年代，取得了一些显著的成绩。

（3）全寿命周期管理的必要性

全寿命周期管理是现代企业的特征之一，它强调资源集成，讲究采用并行、小组化的工作方式，不断提高产品质量、降低管理成本，追求长期利益，以增强企业竞争力。全寿命周期管理下的设计要求在初始阶段就将产品的功能需求转化为设计概念、初步设计参数，再将这些参数往下传递，以规范后续进一步的详细设计。全寿命周期设计要求在设计过程中尽早考虑后续阶段的影响，达到一次成功，从而减少在设计后期发现错误而导致的返工。

现代制造业不能像20世纪初那样生产单一的产品，产品需要在较短时间内做出改进，而且要增加产品种类，以适应市场需求，全寿命周期设计恰好能满足这一要求。此外，随着现代生活节奏的加快，人们享受一种服务强调在一个地方或一定时间内享受它的全过程、各方面，不愿意花太多时间和成本去组合服务，这个时候，就需要供应商将能满足客户需求的全部产品进行有效链接，这也是全寿命周期管理题中之义。

（4）全寿命周期管理表现

全寿命周期管理的核心思想是建设管理需综合考虑工程项目从立项至运营全过程、各环节要素，而不能将任何一个环节分割独立出来，它集中体现在设计阶段即全面考虑产品寿命历程的所有环节。

1）勘察设计与运营。

①钟昭高速桥隧比接近30%，主线大量路段穿梭在崇山峻岭之间，考虑项目建成通车后的运营安全，前期勘察选线时尽量避免高挖方、高填方路段。对那些实在不能避免的高挖方路段，增加边坡防护设计。

②经勘查发现，项目主线途经昭平县饮用水源二级保护区陆域范围、走马

镇百步梯冲待批复的水源地一级保护区和二级保护区陆域范围以及桂江、思勤江水体，无论是前期施工建设还是后期通车运营，水环境保护工作均应贯彻项目全寿命周期。因此，在上述路段桥梁两侧设置桥面径流收集系统，将雨水引离沿线水体。运营阶段强调加强对危险品运输车辆管理，制订应急预案。执行水质监测计划，根据水质监测结果确定相应环保措施。

2) 用电永临结合。

项目共设计隧道6座，单侧总长9.1公里，其中木兰隧道、昭平隧道和佛丁隧道需独立建设变电所。为此，在隧道施工前期，即将施工用临时变压器及输电设备以永久用电标准进行安装，隧道施工完成后，变电设备直接转入运营使用，避免重复建设，据统计，仅此一项就节约了近200万元费用。

3) 交通与旅游融合发展。

①景观布置。

钟昭高速主线途经地区或临近周边地区自然景观、人文景观优美，旅游资源丰富，受制于当地交通欠发达和经济发展整体水平不高等因素，旅游开放开发程度不高。但随着项目建成通车以及正在规划的城际高铁的建设，今后的贺州市昭平县、钟山县和梧州市蒙山县交通基础设施建设一定会取得突飞猛进的发展，届时，发展全域旅游业的条件也将随之成熟。

所以，从高速公路运营和发展交通旅游相结合出发，钟昭高速在建设阶段，就应该充分考虑为运营期发展旅游经济做好准备工作。

项目景观布置从交通、生态、文化、民族、风景旅游多维度综合定位，打造一条集交通动脉、生态绿脉、文化根脉、旅游景脉于一身的综合效益轴线。项目景观营造建立在"生态节能，以人为本"的基础上，在道路工程设施与生态环境的交融界线集中运用生态修复技术，化伤为景、修复成景、造景遮瑕，并结合旅游功能进行工程设施人性化设计，打造"智慧交通"，达到建设生态宜人景观的目标。

项目整体景观特色为"移步换景"，运用沿线自然山水资源和不同地域的文化特色，打造山水田园景观风貌，以绿色为基底，彩色为点缀，打造形式多样的特色景观。

②文化融入。

景观设计充分借景，减少人工造景。在隧道洞口、互通、服务区等重要道路节点上适当点缀景观小品，突显钟山、平乐和昭平地方人文特色，全力打造绿色旅游观光走廊。例如，服务区和收费站建筑外观采用黄姚古镇徽派建筑艺术风格；隧道洞口墙面彩绘体现昭平县茶文化的"采茶女"形象。

钟山服务区通过绿色、智慧、人性化设计，不仅展示公路服务功能，还承载了体现当地文化的重要功能,更是旅客出行途中休息休闲观光的驿站。

③出口增设。

走马镇位于昭平县城与黄姚古镇之间,是往来两地的必经之地,昭平县政府于 2018 年在走马镇至黄姚古镇路段设置了景观步道。钟昭高速应昭平县政府要求,在走马镇增设了出口,该举既能增加客流量,也便于发展交通旅游。

第 5 章
绿色公路建设

绿色发展理念是对发展规律的科学反映，是中国共产党人对自然界发展规律、人类社会发展规律、中国特色社会主义建设规律在理论认识上的升华和飞跃，更是对全球生态环境变化和我国当前发展所面临的突出问题的积极回应。习近平总书记在党的十九大报告中对此做了充分肯定：大力度推进生态文明建设，全党全国贯彻绿色发展理念的自觉性和主动性显著增强，忽视生态环境保护的状况明显改变。同时进一步指出发展是解决我国一切问题的基础和关键，发展必须是科学发展，必须坚定不移贯彻创新、协调、绿色、开放、共享的发展理念。必须树立和践行绿水青山就是金山银山的理念，坚持节约资源和保护环境的基本国策，像对待生命一样对待生态环境，统筹山水林田湖草系统治理，实行最严格的生态环境保护制度，形成绿色发展方式和生活方式，坚定走生产发展、生活富裕、生态良好的文明发展道路，建设美丽中国，为人民创造良好生产生活环境，为全球生态安全做出贡献。全面学习贯彻落实党的十九大精神，践行绿色发展理念，推动绿色发展革命，落实到高速公路建设行业就是建设绿色高速，这是题中应有之义。

广西贺州至巴马高速公路的建设思路是：建设绿色高速，共享长寿密码。绿色高速源于对节能低碳、绿色环保和可持续发展的追求，长寿高速源于对贺州、巴马长寿文化的融入和对经久耐用高品质工程的追求。

5.1 基本概念

基于对绿色的解读和对绿色公路理论发展的分析可知，绿色公路的核心理念是：以满足人们的多元需求为出发点和落脚点，坚持系统论和周期成本思想，统筹公路建设质量、运行效率、环境影响、资源利用之间的关系，把"节能、高效、环保、健康"等绿色要求贯彻到公路建设运营养护全过程。

基于上述理解，将绿色公路定义为：以生态系统的良性循环为基本原则，在公路规划、设计、建设、运营和养护的全寿命周期里，以最大限度地节约资源、提高能效、控制排放、保护环境为目标，以低消耗、低排放、低污染、高效能、高效率、高效益为主要特征，综合运用各种措施最大限度的为人们提供安全、健康、舒适和高效的出行服务，实现经济效益、社会效益和环境效益的有机统一，与自然和谐共生、可持续发展的公路工程。

5.2 绿色公路内涵特征

5.2.1 绿色公路的内涵

绿色公路是在公路的全寿命周期内，以创新、协调、绿色、开放、共享为发展理念，最大限度地节约资源，保护环境和减少污染，注重智慧化管理和服务品质提升，为人们提供安全、舒适、便捷、美观的公路使用环境，与自然和谐共生的公路。它至少包括绿色设计、绿色施工、绿色养护及绿色公路设施等方面。与传统公路相比，绿色公路在内涵上将实现三个转变：

1）从侧重公路的功能因素、强调经济效益的传统建设思想转变为整体考虑区域经济、环境和社会综合系统的可持续发展思想。

2）从单纯注重公路经济合理性、技术可行性的传统评价方法转变为综合经济、节能、环保、景观、可持续发展的多目标评价体系。

3）绿色公路具有保护生态环境、降低能源成本、促进材料循环利用等优点，是交通行业调整结构、转变发展方式的必然选择，其建设理念从重视当前利益转变为关注长远利益。

5.2.2 绿色公路的特征

（1）高效能、高效率、高效益

高效能。绿色公路的整个生命周期通过综合运用各种绿色技术和措施，达到整体工作效率和服务能力的最大化。

高效率。最有效地使用自然、社会及经济资源，为绿色公路带来最大可能性的满足程度的利用，达到资源最优配置效率。

高效益。以最小的生态和资源代价获得可持续发展的最大利益，实现经济效益、社会效益和环境效益的有机统一，实现综合效益的最大化。

（2）低消耗、低排放、低污染

低消耗。绿色公路具有节能、低能耗等优点，从材料使用的角度，绿色公路所采用的都是可再生材料，或者是可降解材料，能进行循环利用。

低排放。绿色公路建设过程中能够对各种资源进行循环利用，减少排放污染物甚至可以达到零排放。

低污染。绿色公路注重生态的平衡，是在环境承载力之内进行的，其设计和施工不能以破坏大自然、破坏地表结构、破坏生物多样性为代价。

（3）全寿命、全要素、全方位

全寿命周期。绿色公路应坚持系统论的思想，将绿色理念与技术贯穿规划、设计、建设、运营、养护等整个寿命周期的各个阶段。

全环境要素。根据绿色公路建设目标，综合考虑各方面要素，节约资源、提高能效、控制排放、保护环境，将"节能、高效、环保、健康"的绿色要求贯彻到公路建设运营养护全过程。

全方位控制。绿色公路除了主体工程建设运营维护要全面运用绿色理念与技术外，还要为绿色运输、安全运营创造必要条件。

5.3　政策理论依据

交通运输是国民经济与社会发展的基础性、先导性行业和节能减排、生态环保的重要领域之一，理应为生态文明建设做出更大贡献。发展绿色交通是交通运输行业贯彻落实五大发展理念和生态文明战略的重要体现，也是交通运输行业转型升级的主攻方向之一。2014 年，"四个交通"战略框架的提出和"绿色交通"引领地位的确立更是直接表明：大力发展"绿色交通"已成为提升行业发展品质、推进行业科学转型的必然途径。国务院 2017 年 2 月 3 日印发的《"十三五"现代综合交通运输体系发展规划》提出要加快建成绿色交通运输体系，对交通运输节能降碳、生态保护、污染防治、资源节约等提出了更高要求。交通运输部 2017 年 4 月 1 日印发的《推进交通运输生态文明建设实施方案》（交规划发〔2017〕45 号）进一步明确了交通运输生态文明建设的总体要求和目标，提出了"组织开展绿色交通示范项目"等四大类 15 项重点任务。

"十三五"及未来较长一段时期，我国公路将处于大发展、大建设的战略机遇期。面对日益严峻的土地、通道、能源等资源约束和不断加大的生态环境压力，公路发展不能再依靠粗放扩能方式解决，必须坚持"三低三高"（低消耗、低排放、低污染、高效能、高效率、高效益）发展理念，加快推进绿色化建设。绿色公路建设是落实国家绿色发展理念以及推进绿色交通发展的重要举措，是生态文明战略和绿色发展理念落地行业最重要的支撑。2016年7月20日，交通运输部印发《交通运输部办公厅关于实施绿色公路建设的指导意见》（交办公路〔2016〕93号），明确提出了绿色公路建设资源节约、能源利用、污染控制和生态保护等方面的要求，要求将绿色循环低碳发展理念在各领域、全过程加以贯彻落实。

广西壮族自治区高度重视生态文明建设，早在2015年就发布了《关于大力发展生态经济深入推进生态文明建设的意见》和《广西生态经济发展规划（2015—2020年）》，大力推进生态文明示范区建设。2016年又印发了《广西环境保护和生态建设"十三五"规划》，进一步明确了"十三五"期是生态文明建设取得重大进展的重要机遇期，提出到2020年要实现生态经济发展壮大、资源环境约束性目标任务全面完成、生态环境质量位居全国前列三大目标，突出抓好生态产业、生态基础设施、生态环境治理、生态城乡建设四大任务，全力打造全国生态经济发展强区，坚持走出一条具有广西特色的产业强、百姓富、生态美的绿色转型、绿色崛起之路。

钟昭高速沿线生态条件敏感，环境本底良好，自然风光优美，旅游资源丰富，具备建设绿色公路的基本环境条件。广西壮族自治区对生态文明建设的高度重视也要求推进绿色公路示范工程创建。因此，钟昭高速秉承"绿色发展"理念积极打造"绿色"工程，既是行业绿色转型发展的要求，也是广西交通运输行业生态文明建设的重要内容，将有助于实现社会、经济和环境效益的有机统一。

5.4 建设绿色公路的必要性

（1）地位突出，位置重要

钟昭高速属于广西高速公路网规划修编（2010—2020）"6横7纵8支线"中"横3线"的重要组成部分，项目呈东西走向，途经的八步区、钟山县、平乐县、昭平县等地多为中国长寿之乡和广西特色旅游名县创建县，项目建成后将在钟山与昭平间形成便捷的直达高速公路通道，进一步拉近贺州市与首府南宁市之间的时空距离，提高公路网可靠性和网络通行能力；也将有利于公路周边区域国土开发，有利于沿线城镇招商引资和经贸发展，对加速当地新型城镇化、旅游业和工业发展进程具有不可估量的推动作用；对切实保障和改善民生，加快贫困山区、欠发达地区、少数民族地区经济社会发展，更好地统筹城乡和区域协调发展，提高公路沿线人民生活水平等都将发挥重大作用。

此外，钟昭高速的建成将推进珠江—西江综合交通走廊及我国西南出海大通道的建设，完善广西高速公路网络，促进珠江—西江经济带发展，推动沿线城市经济社会发展及旅游开发，加快全面建设小康社会进程。

(2)沿线生态环境敏感，旅游资源丰富

项目沿线穿越或临近桂江和思勤江等多处水体，涉及昭平县城饮用水水源二级保护区陆域范围、走马乡百步梯冲待批复的水源地一级保护区和二级保护区陆域范围等水环境敏感区。

工程沿线分布有丰富的旅游资源，人文景观和自然景观各具特色。项目沿线主要为壮族、瑶族等少数民族的聚居地，少数民族风情浓郁，民族文化旅游资源丰富。中原文化、百越文化、楚湘文化等多种文化在这里交汇，早在明清时候，这里就是桂湘粤三省(区)的商品集散地，特殊的历史文化造就了这里众多的人文景观、名胜古迹。其中，较为有名的有贺州市区的临贺古城、客家围屋；昭平县内素有"梦境家园"之美称，保存着全国最完整的明清古建筑群的黄姚古镇；富川县内素有"宋明清民居博物馆"之称的秀水状元村等。此外，还有姑婆山AAAA级国家森林公园景区、玉石林景区、钟山十里画廊等美不胜收的自然景观。

5.5　建设目标

绿色公路不完全等同于生态公路、景观公路等既有工程，而是在生态文明指导下全面体现绿色发展理念的、更为全面系统的示范工程，代表着公路交通的发展方向。我国部分项目如四川川九路、云南思小路、广东渝湛高速、广佛肇高速公路、港珠澳大桥主体工程岛隧工程和广中江高速公路等都针对绿色公路建设做了一系列的尝试，取得了一系列成果，为绿色公路技术体系的形成奠定了基础。但截至目前，我国绿色公路建设还没有成熟经验和技术标准。在新形势下，钟昭高速启动绿色公路建设，将借鉴国内绿色公路建设的经验，对广西绿色公路建设起到应有的示范作用。

(1)立足现状资源使工程生态化

贯彻"最小破坏就是最大保护、循环利用就是最大节约、自然合一就是最大协调、以人为本就是最大和谐"等生态文明理念，最大限度减少对地形地貌的破坏，有效降低污染和植被损害，将公路工程最大限度地融入生态景观资源。

(2)立足污染防控减小工程影响

对桥面径流处理、隧道弃渣利用、绿色路基和路面技术应用、新能源和清洁能源综合利用、绿色服务区等进行研究和示范，力争达到边坡"零裸露"、隧道"零弃方"、污水"零排放"、洞口"零开挖"要求。

(3)立足文化展示凸显地方特色

充分挖掘钟昭高速沿线自然山水、历史文化、自然文化等深厚的文化底蕴，赋予公路文化色彩和美学价值，构筑一条"畅通、安全、舒适、美观"的生态景观高速公路。

(4)立足旅游服务提升通道品质

本区域沿线旅游资源丰富，以人文景观和自然景观为主要特色，其中姑婆山国家AAAA级森林公园景区、黄姚古镇和钟山十里画廊等均为我国著名景区，但周边道路负荷度较大，制约本区域旅游产业的发展。钟昭高速加强了沿线县镇和旅游景区的沟通联系，对于带动沿线旅游资源开发和区域经济的发展具有重要的作用。

(5)立足实际打造亮点示范工程

钟昭高速将结合工程及环境特点，打造景观工程、绿色服务区、BIM技术应用、智慧工程、新能源利用及节能减排技术等亮点示范工程，力争部分领域的技术能够引领和推动绿色公路发展。

5.6 建设绿色公路措施

钟昭高速制定了《贺州至巴马高速公路(钟山至昭平段)绿色公路实施方案》，成立了贺州至巴马高速公路(钟山至昭平段)绿色公路创建工作领导小组，从组织机构和制度上确立了建设绿色公路在投资建设工作中的重要地位。

(1)勘察选线

按照"三高三低三全"的理念，在勘察设计阶段，对项目选线要求不涉及任何级别的自然保护区、风景名胜区、森林公园、地质公园等生态敏感区，尽量避让居民聚集区、声环境敏感点等。例如：

1)三门滩电站至长田路段，为减少占用耕地和拆迁，提出沿山脚布设的K线方案和A线方案进行同深度比较。最终采用路线顺直，防护圬工及占地少，避开大爽砖厂采料区和古滑坡体的A线方案。

2)新竹至走马乡路段，为缩短隧道长度，提出沿思勤江布设的C线方案与远离思勤江布设的K线方案进行定性比较。C线高边坡多，占用基本农田多，与S207干扰大，保通压力大，对思勤江旅游景观破坏大，未设置互通立交，对地方旅游及经济带动作用小，最后选择K线方案。

3)昭平隧道路段，为绕避昭平隧道出口滑坡体，提出原离滑坡体较远的E线方案与穿越滑坡体的K线方案进行比较。采用了平面指标高、占地少、避开滑坡体、对江口电站和地方道路没有干扰、环境影响小的 E 线方案。

(2) 低碳环保

低碳环保是指减少施工所耗能量的绿色环保作业方式,其目的主要是减少二氧化碳等温室气体的排放量,减少对大气的污染,减缓生态恶化。低碳环保要求坚持"循环利用就是最大的节约"原则,提高资源能源利用效率,减少资源能源消耗总量和污染物产生量,推进废弃物循环再生利用。

1) 减少污染物排放,保护大气环境。

当前主流市场的沥青拌和站采用重油或者重油和柴油两用作为石料加热用燃料,不但成本高,而且重油和柴油燃烧会排放大量的二氧化硫、一氧化碳等,严重污染大气环境。项目从低碳环保角度出发,对沥青拌和站进行"油改气"技术改造,用天然气代替重油。天然气清洁,燃烧效果好,对周边环境污染小,尤其是大大减少了二氧化硫、一氧化碳和 PM2.5 的排放量。经检测,油改气后,二氧化碳排放量为 3.7%,一氧化碳排放量为百万分之六。而且,燃烧天然气还具有节约机械维修成本、减少燃料浪费、降低除尘成本和提高生产率等诸多优势。

施工应用的挖掘机、压路机、推土机、装载车等大型机械设备在运作过程中排放的尾气包含一氧化碳、碳氢化合物、氮氧化合物、二氧化硫、碳烟颗粒物等,是大气污染的重要元凶。对此,项目对施工机械统一加装尾气处理设备,过滤尾气,降低排放尾气中的颗粒物。

2) 减少资源开采,追求可持续发展。

铺筑高速公路需要大量石料,而石头是不可再生资源,用一点少一点。过去,施工用的细砂一般是河沙,高速公路经过哪里,就在当地催生起来采砂业。对河沙的大量开采改变了河床走向,迫使河床整体下切,造成汛期塌堤、下游农田用水困难等不良后果。用机制砂代替河沙则可避免以上不良现象发生。项目在全线采购普及制砂机,通过机器制沙,减少对河沙的使用。采用制砂机的另一个优点同样很明显:机制砂原料全部来自主线施工开凿的石头,避免了采石场对原生地质地貌的破坏。

图 5-1 为制砂机。

3) 永临结合路子实现绿色高效能。

"永临结合"即在设计阶段就考虑长远发展,减少临时设施或将临时设施转变成永久设施,实现节能高效的目标。永临结合的典型代表体现在将施工便道和进村道路结合起来。硬化便道可以降低施工车辆过往扬尘,保护周边环境;等工程完工后将便道移交给村民成为村道,更是一项扶贫善举。据统计,项目硬化便道共 21.5 km,换句话说,项目为沿线贫困村修建了 21.5 km 的扶贫路。

图 5-1 制砂机

过去一些项目刻意强调标准化,讲排场,租用大面积土地建预制场、钢筋场,对环境造成了很大破坏。最大限度地使用自然条件是绿色公路的本质内涵。项目紧紧抓住这一内涵,既大力推行标准化建设,又充分利用主线路基,将钢筋厂、预制厂全部建在路基上。全线 6 个厂站共节约临时用地 3.9 万平方米,既减少了对主线周边土地的破坏,也节约了一大笔土地复耕费用。图 5-2 为建在红线内的预制厂,减少临时用地。

(3) 景观融入

公路与沿线环境融为一体是绿色公路建设最直接的外在体现,需统筹交通、生态和风景旅游等多个维度,考虑交通动脉、生态绿脉和旅游景脉等三项特色。

钟昭高速交通价值突出,路域环境敏感,景观资源丰富,地域特色鲜明,应在工程设施与生态环境交融界线中集中运用生态修复技术,在景观设计上进行无痕化处理。根据沿线空间环境、景观特点划分形成不同区段,根据各段环境和植被规律等选用与环境色彩体系、生态系统相协调的适宜植被物种;开展中央分隔带、边坡等重点工程景观打造,实现全面融入区域自然景观的目标,打造一条集交通动脉、生态绿脉、文化根脉、旅游景脉于一身的综合效益轴线。

(4) 施工添绿

1) 边坡生态修复。

图 5-2　建在红线内预制厂

填方边坡采用露、遮、诱的方式进行绿化。因填方边坡在行车时几乎看不见坡面，因此坡面仅作草种喷播与草灌喷播两种形式处理。

挖方边坡绿化时主要针对边坡防护类型做相应的处理，防护形式分为四类：喷播植草防护，拱形骨架防护，三维植被网（无锚杆格梁或骨架）防护，锚杆格梁防护。

2）取弃土场生态修复。

在弃渣场位置选择上，主要考虑尽量利用荒地、空地和劣地，不占用耕地和良田，且不挤占河道有效过水断面，避免诱发泥石流，尽量选择在阶地或山间洼地，并做好弃渣场的防护排水和绿化设计。弃渣层层压实，弃渣完成后整平场地，弃渣周围设置排水沟，场地及坡面植草、灌木或种树，绿化环境、保护水土。弃渣场远离山体一侧设置干砌片石挡墙，靠山坡一侧设置排水沟避免引起水土流失，石质弃渣场表面全部覆土予以绿化或还耕，防止水土流失。有条件时也可利用荒沟，在其中筑坝填入废渣，做好排水设施，变荒沟为良田，增加耕地，变废为宝。

对于取弃土场的修复以土地复耕和景观绿化为主要手段。

3）水环境保护。

施工期水环境保护措施。禁止在水环境敏感区附近设置取土场、弃渣场、拌和站及施工场地等临时工程。开展施工场所和营地的水环境保护教育；桥梁下部结构施工时，尽量安排在枯水季节进行，减小对桥位下游水质的影响；加强施工管理和工程监理工作，防止发生水上交通安全事故；严格检查施工机械，防止油料泄漏污染水体。施工材料如油料、化学品等禁止堆放在地表水体附近，并应备有临时遮挡的帆布；采取措施防止泥土和散体施工材料阻塞水渠或现有的灌溉沟渠及水管，做好生活污水处理工作。

运营期水环境保护措施。从实际看，项目路(桥)面径流水主要影响昭平县城饮用水水源二级保护区陆域范围、走马乡百步梯冲待批复的水源地一级保护区和二级保护区陆域范围以及桂江、思勤江水体，因此，在上述路段桥梁两侧设置桥面径流收集系统，将雨水引离沿线水体，避免路面径流污水直接排入沿线水体。严禁各种泄漏、散装超载的车辆上路运行，以防止公路散失货物造成沿线水体污染。加强危险品运输车辆管理，制订应急预案。执行水质监测计划，根据水质监测结果确定采取补充的环保措施。

4) 路基绿色修筑。

路基承载了绝大多数工程量，耗用了大量资源能源，是"绿色"建设重点领域。路基绿色修筑是一个多方面的领域，包括土方开挖、土石方平衡、土方回填、排水管道、微地形设计、高填路基缓坡修筑等，以下只列举高填路基缓坡修筑。

在条件允许的情况下，结合互通区环内场地，将沿线多余土石方堆置于坡脚处，形成坡顶到坡脚的缓坡弧形过渡，提高路基安全稳定性。此外，结合场区地形，在坡脚区域设置汇水洼地，汇集路面、坡面雨水，形成小湿地景观，并通过湿地植物配置有效吸收水中污染物质，改善局部小景观环境。

5) 隧道绿色建设与运营。

①勘察设计阶段环保措施。

隧道线形设计结合周边环境、地质条件综合考虑，隧道主要设置在山区，山区地形复杂多变，确定隧道平纵面与多个因素有关，包括相邻区端的土石方平衡、避免过大的废方堆弃、避开不良地质条件、隧道内外的线形一致、自然排水方向、洞内最大纵坡限制及弯道半径限制等。

洞口、洞门设计。洞口开挖面过大既不利于稳定成型，也不利于植被生长恢复，对自然景观伤害大。隧道设计遵循"早进晚出"原则，降低开挖量，确保隧道建成后尽快恢复洞口自然景观，还自然本色。

地下渗水与污水分开排放。隧道空间相对密闭，车辆常年通行，隧道路面及衬砌表面聚积轮胎的橡胶微粒和汽车尾气中的颗粒物，清洗产生的污水通过路侧明沟排至隧道外沉淀池，不直接排放至附近水塘或溪流。地下渗水属洁净水，通过环向排水盲沟、纵向排水管、横向引水管到隧道中央排水管体系进行排放。

②施工阶段环保措施。

施工场地的合理布置。对拌和站、料场、生活、办公区进行紧凑布置,尽量少占用土地。生活垃圾、建筑废料集中处理,禁止随意丢弃。工程完工后,对临时用地进行恢复,对土地进行复耕,对山地进行绿化恢复。

钻爆施工噪声。邻近建筑物地区,开挖隧道时采取减振措施,采用小药量的光面爆破,或采用机械掘进,减小振动。洞口段晚间施工时,施工机械加设隔音罩、隔音墙,放炮控制在晚间22:00之前进行。

③施工期间洞内通风与防尘。

隧道作业环境标准。粉尘允许浓度为空气中含有10%以上游离二氧化硅的粉尘必须在2 mg/m³以下,氧气不得低于20%(以体积计)。

防尘措施。施工长大隧道尤其是上坡段,洞内空气不易流通,对此,采取分区分时通风,尽快排出洞内污浊空气,创造良好的工作环境,确保工点空气符合隧道作业标准。施工时采用湿式凿岩机钻孔,用水炮泥进行水尘封爆破以及湿喷混凝土喷射等有利于减少粉尘浓度的施工工艺;在放炮前进行雾喷,出渣前用水淋透渣堆和喷湿岩壁;使防护普遍化,每个施工人员均应注意防尘,带上防尘口罩。图5-3为隧道强制通风系统。

图5-3 隧道强制通风系统

④废旧材料综合利用。

隧道弃渣综合利用。隧道弃渣通过"三级筛选"进行处理，筛选后绝大多数就地加工破碎，优质碎石用于隧道衬砌混凝土骨料，次级碎石用于路面碎石垫层，残渣用于填筑路基。

图5-4为隧道弃渣处置方案，图5-5为隧道弃渣加工。

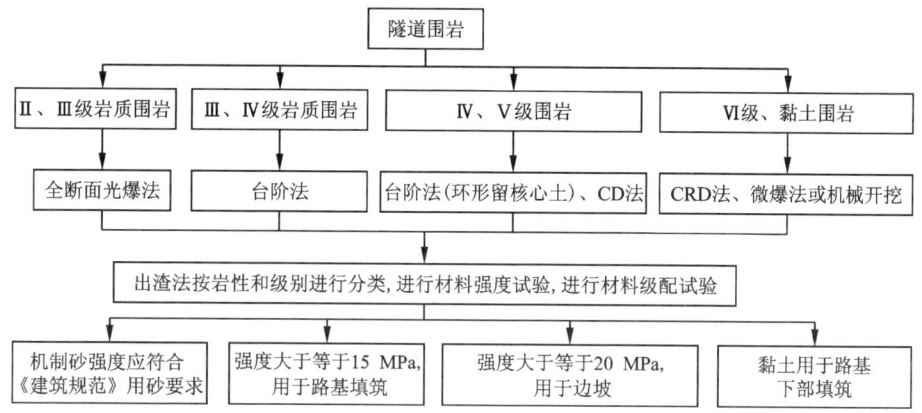

图5-4 隧道弃渣处置方案

图5-5 隧道弃渣加工

⑤土地资源集约利用。

设计选线经过农田或林地时，设置抗滑桩、钢筋桩及挡土墙等工程设施，减少占用土地,减少弃方,减少对植被的破坏,以节约土地。如:同古枢纽互通采用半定向型,能在保证既有高速公路通行的情况下,最大程度地利用既有匝道,节约土地资源,又避免了施工期间的交通拥堵。

在减少临时用地方面采取三种措施:一是将临时用地布设于永久占地。二是通过施工时序的调整最大限度减少施工便道修建,从而减少用地范围和生态影响。三是利用取弃土场用地建设服务设施,此举也是一种永临用地相结合的方法。

项目施工过程中采用的"开挖一级、防护一级、绿化一级"措施(图5-6),主体工程与排水工程同时施工、同时完工措施,"永临结合"措施等,为建设绿色公路做出了巨大贡献。本章节较多地方都有提及,这里不一一赘述。

图5-6 开挖一级、防护一级、绿化一级

(5)服务共享

高速公路建设应坚持"以人为本"原则,绿色公路最重要的特点就是提高人的舒适性和安全性,最大限度地保障安全舒适驾驶;利用科学高效的管理体系,确保各项环保措施效果。

服务区是展示公路服务功能最重要的平台,需统筹节能建筑、清洁能源利用、固废处理和利用、水循环利用、景观绿化建设等领域,开展专项设计与打造。

服务区建筑方案设计紧扣绿色环保主题,结合贺州及巴马长寿城的特点,提出"建设绿色高速,共享长寿密码"的设计理念。服务区景观与建筑设计紧密结合,利用景观绿化打破室内外边界,使建筑与景观相互交融;从"低碳、节能"入手,服务区考虑垂直绿化,采用种植屋面、停车棚绿化遮阳等设计改善局部小气候。钟山服务区融入当地"茶文化"和黄姚古镇徽派艺术建筑风格。

服务区收费站等地点设在野外,蚊虫苍蝇较多,利用植物驱虫驱蚊,又为景观增色不少,如在综合楼、办公楼、公寓周边种植些生命力强、宜于野外生长、适应广西及当地气候的植物。

(6)智慧创新

BIM 技术应用。基于 BIM 进行虚拟施工可以实现动态、集成和可视化的 4D 施工管理。在钟昭高速施工过程中,将建筑物及施工现场 3D 模型与施工进度相连接,并与施工资源和场地布置信息集成一体,建立 4D 施工信息模型,实现了施工阶段工程进度、人力、材料、设备、成本和场地布置的动态集成管理及施工过程的可视化模拟,以提供合理的施工方案及人员、材料使用的合理配置,从而在最大范围内实现资源合理利用。

橡胶改性沥青技术。橡胶沥青是把废旧轮胎磨成胶粉加入沥青在高温下进行反应得到的。该技术既解决了处理废旧轮胎的环保问题,又得到了一种很好的路用材料。橡胶沥青的特点是高弹性,主要优点是抗反射裂缝,同时还能降低路面噪音,减薄路面厚度。橡胶沥青技术经济环保,是绿色发展的必然趋势。

隧道智能调光系统。隧道洞口加强段照明灯具采用可调色温 LED 灯具,在发挥 LED 节能优点的同时,还可以根据洞外环境色温的变化,实时调整 LED 灯的色温输出,以达到与大自然色温变化的同步。在雾天的情况下可以自动调节低色温输出,从而满足透雾性的要求,最终实现照明环境的安全和节能。智能调光系统由照明控制工作站、监控管理软件、集中控制器、亮度数据采集器、微波车辆检测器、可调色温灯具、可调光灯具及控制线缆等组成。

第 6 章
"交通+扶贫"新路子

6.1 时代背景

党的十八大以来,习近平总书记站在全面建成小康社会、实现中华民族伟大复兴中国梦的战略高度,把脱贫攻坚摆到治国理政突出位置,提出一系列新思想新观点,作出一系列新决策新部署,推动中国减贫事业取得巨大成就,对世界减贫进程作出了重大贡献。

习近平总书记在 2015 年中央扶贫开发工作会议上指出:调动各方力量,加快形成全社会参与的大扶贫格局。"人心齐,泰山移。"脱贫致富不仅仅是贫困地区的事,也是全社会的事。要更加广泛、更加有效地动员和凝聚各方面力量。动员全社会力量广泛参与扶贫事业,鼓励支持各类企业、社会组织、个人参与脱贫攻坚。对此,国有企业理应成为脱贫攻坚事业的支持者、参与者。

党的十九大报告指出:确保到 2020 年我国现行标准下农村贫困人口实现脱贫,贫困县全部摘帽,解决区域性整体贫困,做到脱真贫、真脱贫。

6.2 "千人志愿服务、助力精准脱贫"行动

(1)启动行动

贺州至巴马高速公路主线途经广西壮族自治区区级贫困县 7 个,国家级贫困县 2 个,是一条真正意义上穿越贫困地区的高速公路。如何将高速公路建设和扶贫脱贫工作进行有效对接,被广西新恒通高速公路有限公司党委摆上重要议事日程。2018 年 4 月,公司党委召开党务工作人员会议,研究讨论"千人志

愿服务、助力精准脱贫"工作方案,5月,印发《关于印发广西新恒通高速公路有限公司"千人志愿服务、助力精准脱贫"活动方案的通知》文件。5月4日,"千人志愿服务、助力精准脱贫"活动启动仪式在贺州至巴马高速公路都安至巴马段召开,是时,该活动在公司投资建设的所有高速公路项目中正式拉开帷幕(图6-1)。

图6-1 "千人志愿服务、助力精准脱贫"行动启动仪式

(2)行动主题

"千人志愿服务、助力精准脱贫"行动以"修建致富高速路,搭建平台惠民生"为主题。

(3)行动目标

核心目标:千人志愿服务,助力精准脱贫。

具体目标:完成"百千万"工程。即在志愿服务期限内,开展志愿服务活动不少于100次、参加志愿服务活动不少于1000人次、通过志愿服务活动受益不少于10000人次。

(4)组织形式

1)活动形式。

立足县县通高速公路建设,积极通过为沿线老百姓修便民路、搭便民桥、慰问孤寡留守老人、资助贫困儿童等丰富多彩的形式来开展志愿服务活动。

2)活动组织机构。

成立千人志愿服务助力精准脱贫活动领导小组，全面负责活动组织事务。

3)志愿服务对象。

贺州至巴马高速公路、融水至河池高速公路项目沿线各县、乡镇、行政村贫困群众。

4)行动时间。

行动分阶段、分地域进行，自2018年1月至2020年12月，为期3年。

(5)行动具体安排

1)宣传动员阶段(2018年1月至2018年5月)。

①公司以文件形式将活动方案、内容、要求等传达到指挥部。

②各指挥部以公司印发的活动方案为蓝本，结合实际，制订本指挥部活动计划，并交公司备案，同时在参建单位内部进行广泛深入的宣传动员，号召全体参建人员加入志愿服务活动，成立志愿服务活动分队。此外，各参建单位要结合指挥部活动方案，制订本单位活动计划，并交指挥部备案。

③沿线地方政府的信任和支持，共同开展好活动。

2)活动启动(2018年5月4日)。

各指挥部启动仪式分地点同时进行，通过单项活动的开展来正式启动，如组织师生代表进项目参观、进校园义务宣讲、开展环保活动等单项活动。活动启动的同时，公司对各指挥部志愿服务活动分队进行授旗。

3)志愿服务阶段(2018年6月至2020年6月)。

在志愿服务阶段，各指挥部要根据活动开展的要求，结合项目建设实际，有针对性地开展相关系列活动，具体志愿服务内容见附件(包括但不限于)。

4)交流总结阶段(2020年7月至2020年12月)。

及时总结千人志愿者服务活动的好经验、好做法。一是各指挥部要进行自我诊断，排查活动过程中存在的问题，找准问题症结所在，通过自查自纠，引导活动不断向科学、高效的方向发展，避免盲目求大，避免空洞无实效，避免铺张浪费。二是公司、各指挥部要组织召开经验总结及学习交流会，互相学习、共同进步、共享成果，对在活动中表现优秀的分队，给予表彰奖励。

(6)行动内容(表6-1)

表6-1 行动内容表

类别	序号	活动内容	具体要求
促物质脱贫	1	修建脱贫路	与地方政府结对共建，资助或协助改建、新建、硬化农村道路，实现贫困地区交通脱贫
	2	助学基金	募集资金成立助学基金，奖励品学兼优的困难学生
	3	帮扶就业	向沿线有就业需求的困难群众提供保安、厨师、保洁、搬运等工作岗位，为困难大学生提供实习、就业机会
	4	捐赠旧衣物、书籍	搜集旧衣服、书籍，由指挥部统一赠送给贫困山区群众
	5	帮扶孤寡、留守儿童	敬老、爱老、助老，对孤寡老人进行心理健康辅导，陪老人聊天，进行基本的身体健康检查；对留守儿童进行心理辅导、课程辅导、行为矫正、兴趣培养等
促文化脱贫	1	种养殖技术进乡	请专家对群众进行种养殖技术、工程类技术等的培训
	2	科普活动	邀请专科医生，针对常发病、传染病知识进行讲解；免费发放性安全用品；以沿线群众为对象，宣传科技、法律维权、劳动技能、消防求生等知识；指导群众优生优育
	3	支持义务教育	各单位选派志愿者，到贫困山区小学拓展学生素质、培养良好兴趣
	4	义务宣讲	走进校园宣讲中央精神等
品质工程绿色公路	1	植树造林	对临时用地进行绿植围挡，对主线内应绿化地带进行植树造林
	2	环保活动	各参建单位按要求节能减排，减少对当地民众的干扰，减轻或消除工程建设对自然景观的破坏和不良影响
	3	城乡清洁	各参建单位定期清理生活区，施工单位确保现场文明施工，通村便道降低扬尘
其他形式			在与地方政府、团委、村民委员会建立党建共建、村企联建关系形式下开展的一系列具有志愿服务性质的活动

(7) 行动实例(以钟昭高速为例)

1) 主体。

钟昭高速各参建单位成立志愿服务队伍9支，扶贫志愿者208名(图6-

2)。扶贫对象主要包括项目主线途经的贺州市钟山县、昭平县和桂林市平乐县家庭困难群众,其中又以昭平县走马镇、昭平镇家庭困难群众为重点扶助对象。

图 6-2 志愿服务队伍

2)捐资助学,扶贫扶智。

习近平总书记指出,扶贫先扶智,治贫先治愚,教育是阻断代际贫困的主要措施。要把下一代的教育工作做好,特别是注重山区贫困地区下一代成长,下一代要过上好生活,首先要有文化。

昭平县樟木林中心小学、三江村小学,凤凰乡四和村小学、太平中心小学属该县较为贫困的四所学校,教学物资匮乏。2018 年 6 月,指挥部与昭平县政府、县教育局签订志愿扶贫协议,就四所学校教学物资捐赠事宜达成共建共识。从 2018 年 6 月开始,至 2019 年 6 月,组织扶贫志愿者通过捐款、向社会募款等方式,先后 6 次向学校捐赠了课桌椅、书包、书籍、办公桌、音响、球台等各类教学物资,捐赠物资总价值合计 32 万元,见表 6-2。

表6-2 部分捐赠清单

樟木林中心小学				
序号	名称	单位	数量	金额/元
	乒乓球台	张	2	4000
	办公桌	张	12	6960
	办公椅	张	12	1800
	立式空调	台	1	5500
	实木沙发	套	1	6800
	调音台	台	1	2700
	功放	台	2	6600
	户外音响	对	1	6800
	电容麦	套	1	3240
	话筒支架	套	2	300
	音响机柜	个	1	800
合计				45500
凤凰乡四和村小学				
	布艺沙发	套	1	4190
	拳击柱	个	1	500
	多功能凳子	张	50(音乐室用)	5000
	鼓号队设备	套	1	7500
	鼓号队服装	套	50	6250
	乒乓球台	张	2	4000
	音响设备	套	1(舞台用)	6500
	会议桌	套	1	7300
	凳子	张	16(会议室用)	2000
	书包	个	250	9750
	讲台	张	8	7400
	电子显示屏	套	1	15496
合计				58696

樟木林中心小学、凤凰太平中心小学			
会议桌	套	1(会议室用)	7300
条桌	张	12(会议室用)	8820
凳子	张	16(会议室用)	2650
折叠椅	张	24(会议室用)	2560
投影仪	台	1	2780
音响	套	1	5500
点歌台	套	1	6680
实木沙发	套	1	6800
电子显示屏	套	1 (6 m×0.6 m)	7500
电动门	套	1 (6 m×1.5 m)	10650
合计			61240

指挥部组织成立支教队伍1支，队员15人，先后11次到四所学校开展支教活动，授课30堂、20课时，授课内容包括急救自救、防火防灾、卫生常识、思想政治等(图6-3)。

图 6-3 捐资助学、扶贫扶智

3)交通扶贫,产业扶贫。

钟昭高速主线途经地区地形地貌以山地、丘陵、河流为主,桥隧比达到 30%。路基土石方、大型桥梁、隧道施工前期筹备涉及机械、材料运输,极不方便。受地形地貌和当地交通制约,单独开通施工便道工程量巨大。为此,指挥部作出统一规划:把交通和扶贫结合起来,将村道整修和便道开凿合二为一,如此既减少了便道施工工程量,节约投资成本,也为当地老百姓谋了民生福祉。

据统计,钟昭高速共新建、扩宽、硬化村道、乡道使之成为施工便道 51.5 公里。便道按照宽 2.5~3 m,混凝土铺设 20 cm 厚进行建设。扩宽硬化后的村道、乡道一方面直接成为施工机械和材料运输通道,另一方面打通了当地村屯与乡镇、县城之间的联系。依托便利起来的交通,当地群众开始从事种养殖业,发展种养殖经济,实现了脱贫致富(图 6-4,图 6-5)。

图 6-4 硬化进村道路　　　　图 6-5 硬化学校道路

实例链接： 村民李日宝以前是远近闻名的贫困户，家里地少又没有其他经济来源，现在是远近闻名的养猪户，一年卖猪能挣下超10万元。李日宝表示，多亏了高速公路项目修建的施工便道，一旦交通方便起来，他立即把养猪的想法付诸了实践。

茶是昭平县特产，昭平茶在全国茶叶市场名气不小，著名的亿健有机茶就产自这里。但除亿健茶园、南山茶园、故乡茶园等一些已经走上产业化道路的茶园外，昭平茶原材料大部分来源于自种农手中。一边是手上有大量的优质茶原材料，即使低价也销售不出去，一边是急需要大量的优质茶原材料以不断扩大生产。这个矛盾的核心问题聚焦在交通上。依靠便利的交通，走马镇庙芽村村民黄燕萍成了村里茶叶种植大户，不但自有的5亩山地全部种下茶树，还承包了邻居20多亩闲置地，光卖茶叶原料一年就能挣5万元。

西坪村村民张兆元则把祖传的豆豉制作手艺发扬光大。现在，张兆元一个月能卖出700至800瓶豆豉，月收入在2000至3000元之间。并且准备开办一个小型作坊，把豆豉做大做强，交通方便了，进原材料和卖成品都不是问题。

4）文化下乡，知识扶贫。

钟昭高速主线途经地区为典型的亚热带季风气候，夏季高温多雨，加之山地、丘陵和多河流地形地貌，导致钟山、昭平等县在上半年多爆发洪涝灾害和滑坡、泥石流等地质灾害，严重影响施工单位和当地人民群众生命财产安全。2017年夏季，受台风"天鸽"影响，项目桃溪大桥、桂江大桥及其他路基施工点遭受洪水、泥石流袭击，直接经济损失达3000万元。

指挥部从贺州市政府、广西交通职业技术学院邀请数名专家，针对洪涝灾害、地质灾害预防和治理授课（图6-6）。授课对象主要是施工技术员、劳务协作人员和项目主线途经地区的群众。经过一系列的培训教育，授课对象防灾减灾意识和能力得到大幅提升，2018年和2019年雨季，均未发生较大程度经济损失。

图6-6　组织沿线群众进行自然灾害预防知识讲座

5）提供就业和消费扶贫。

各参建单位后勤管理、一线施工等工种有大量岗位需要面向社会招聘，如厨师、保安、保洁、司机、操作工等，甚至一些材料保管员、仓储员也可以从当地群众中选择（图6-7）。为此，志愿扶贫的大门开始向沿线困难群众打开。向沿线困难群众提供这些岗位，可使其在家门口就业，提高收入水平，实现脱贫致富就水到渠成了。据统计，3年来，各参建单位共向困难群众提供就业岗位530个，帮助415个家庭解决了贫困问题。等项目通车后，部分一线操作工人和后勤人员将跟随施工单位去其他项目继续从业，部分后勤人员则被项目运营公司留在原地从业。

图6-7　沿线困难群众在参建单位入职后勤岗

昭平县森林覆盖率高，水质好，环境受工业污染影响小，当地居民种植的水稻、玉米、黄豆等农作物绿色有机无公害，养殖的鸡鸭猪鱼肉质好、味道佳，属名副其实的"土货"。项目全体参建人员总数近千人，每天消耗大量的米、油、蔬菜、肉类等。为此，指挥部在2019年走出了一条消费扶贫道路：与昭平县走马、昭平、文竹镇政府达成共识，由各参建单位定期到贫困家庭购买农副产品供员工食用。截至当前，已共计购买油1000斤、大米3200斤、鸡鸭430只、猪50头。帮助贫困群众将多余农副产品转变成经济收入。

（8）总结反思

1）行动意义。

①助力精准扶贫脱贫。

"千人志愿服务、助力精准脱贫"行动产生的最直接效果是帮助项目沿线家庭困难群众实现了脱贫，使一部分人走上致富道路，实现了与沿线群众共享高速公路建设红利的目标。走上脱贫道路的人成为贫困地区致富能手，在他们身上总结出来的经验影响和带动了周边还处在贫困线上的困难群众，促使更多贫困人口坚定了脱贫致富的理想信念。据统计，通过"千人志愿服务、助力精准脱贫"行动实现脱贫的家庭共129户，实现脱贫的人口共508人。

②融洽地企关系。

"千人志愿服务、助力精准脱贫"行动是对党中央扶贫脱贫指示精神的积极响应和贯彻落实，是对地方政府扶贫脱贫工作的侧面推动。行动得到了项目沿线市、县、乡镇政府的大力支持和肯定，融洽了建设单位与地方政府的关系。作为友好合作单位，地方政府在征地拆迁工作上的有作为、高效率是对项目建设最好的回报。

③扩大企业影响力。

我们的目标是：高速公路修建到哪里，志愿服务行动就开展到哪里，哪里就有扶贫脱贫志愿者的身影和北部湾投资集团的旗帜。"千人志愿服务、助力精准脱贫"行动彰显了国有企业在扶贫脱贫工作上的责任担当，它已经成为闪亮名片镌刻在项目沿线群众的心中。

④凝聚核心力量。

"千人志愿服务、助力精准脱贫"行动是试金石、大磁铁，检验了扶贫志愿者的扶贫决心和毅力，在行动中发生的感人故事，激励了一批人，也吸引了更多参建者加入志愿扶贫行列。通过参与扶贫行动凝聚起来的人心和力量，反哺到项目建设上就是一股克难攻坚、一往直前的斗志。

2）存在的不足。

①"授之以鱼"占比较大。

从目前开展的活动来看，捐资助学、慰问孤寡占比较大，"授之以鱼"的直接经济支持在短期内能够满足困难群众在物质上的需要，但"一过性"的帮扶并不能从根本上解决他们的困难。

②"授之以渔"需继续深挖。

到活动的第二个年份，逐渐开始思考它的长远效用，这个阶段最典型的做法是交通扶贫和产业扶贫。"授之以渔"使贫困群众得到了脱贫致富的源头活水，但也逐渐发现它还局限在"点"上，没有形成"线"和"面"，没有发挥起规模作用。

③规划性不足。

一个比较典型的不足表现在：想到什么就做什么，或是当下适合做什么才做什么，短促突击并不能持久。缺少对单个活动的整体性布局和长远打算，没有注重它的后续效用。

用形象的说法是：打一枪，换一个地方。

3）解决思路。

①"授之以鱼"更要"授之以渔"。

应该降低一次性经济、物资扶助的比例，把钱用在刀刃上，更多思考从根本上扶贫脱贫的路子。如：把已经脱贫的人联合起来，用他们的经验和力量帮扶还没有脱贫的人，这也是"让一部分人先富起来，最后实现共同富裕"的体现。要支持更多的人走上产业致富道路，通过一技之长，依托独特的资源，获得经济上源源不断的活水。下一步可以考虑与"第一书记"对接，在种养殖技术上为困难群众提供帮助。

②做好长远规划布局。

项目入场时要同步规划"千人志愿服务、助力精准脱贫"行动，要在充分了解沿线实际情况和详细分析贫困原因的基础上，制定三至四年的发展纲要。关键是及时与地方政府扶贫办进行良好沟通，正确切入政府的扶贫工作，利用政府资源和力量使我们的行动更贴近实际、贴近需要。

第 7 章
"交通 + 旅游"发展模式

随着社会经济的发展，人民群众收入水平提高，可用于支配的资金增加，对旅游服务产品的需求急剧扩大，旅游业进入全域发展时代。交通作为旅游产业的催生素和发展的重要引擎，二者的融合具有客观必然性和必要性，并且已成为旅游业转型发展的新趋势。

习近平总书记指出，旅游是综合性产业，是拉动经济发展的重要动力，是人民生活水平提高的一个重要指标。国家旅游局发布的《"十三五"旅游业发展规划》明确提出，到 2020 年，我国旅游市场总规模将达到 67 亿人次，旅游业总收入将达到 7 万亿元，旅游业对国民经济的综合贡献度将达到 12%，旅游业发展潜力巨大。交通是国家发展的动脉，旅游业的发展当然也离不开交通，交通是旅游的基础支撑和先决条件。不管是发展交通，或者发展旅游，"交通 + 旅游"融合发展都是大势所趋。交通 + 旅游产业的融合发展，有助于推动地方经济转型发展、扶贫攻坚和城乡统筹发展，是实施交通强国战略和建设交通强国的重要抓手。

7.1 "交通 + 旅游"产业融合发展的现状和趋势

（1）国家制度层面

近年来，国务院、交通运输部、国家旅游局、中国民用航空局、铁路总公司、国家开发银行等出台了《"十三五"现代综合交通运输体系发展规划》《关于促进交通运输与旅游融合发展的若干意见》《关于促进全域旅游发展的指导意见》等系列政策，提出要进一步扩大交通运输有效供给，加快形成交通运输与旅游融合发展的新格局。其中重点指出：提升高速公路服务设施的旅游功能，推动高速公路服务区向交通、旅游、生态等复合功能型转变；围绕服务区试点建设自驾车房车营地等设施，配套建设风情小镇、汽车露营地等，引导自驾车房车旅游发展；结合景区景点，强化公路沿线生态资源保护、风情小镇、绿道系统等规划建设及高速公路服务区的景观营造，打造精品公路旅游线路。目前，交旅融合发展尚处于探索阶段，有些省市虽已有小规模发展，但还不成熟，普遍存在投资大、回报慢的问题。

(2) 其他省份

湖北省。2017年，湖北省提出，要加快全域旅游发展，建设旅游经济强省。当前，湖北省正在积极开展国家级旅游业改革创新先行区建设，湖北省旅游正在向"品质旅游"转变，向全域旅游全面推进。交旅融合发展是湖北省建设旅游经济强省，满足人民日益增长的美好生活需要和"建成支点、走在前列"的重要抓手。同时省内基本建成"9纵5横3环"骨架公路网，航空、铁路、高速公路、水运、旅游公路等网络日益完善，有效促进了该省旅游业的快速发展。

四川省。四川省在关于"交通+旅游"融合发展专项行动计划(2017—2020年)中提出，建立健全交通运输厅、省旅游发展委、省发展改革委等各部门协调管理推进机制，共同加强省级层面的规划引导、技术指导和政策支持，探索建立旅游交通新业态的协同管理模式。同时，强化与各级地方政府的协调互动，加快建立健全促进交通运输与旅游融合发展重大问题的协调推进机制，加强项目规划布局、前期工作、推进实施和组织管理等方面的工作联动和协作，积极落实用地、资金等要素保障。

江苏省。江苏省旅游局与省交通运输厅共同编制《江苏交通运输与旅游融合发展三年实施方案》，打造精品公路旅游服务基础设施、推进"水韵江苏"旅游交通发展、强化旅客站点旅游服务功能、支持江苏省旅游集散中心建设、加速传统客运企业向旅游营运转型、加强旅游交通信息共享服务、推进高速公路服务区"三个全覆盖"、联合共治旅游交通秩序，多地将交旅融合示范项目纳入招商引资项目，在项目建设上给予政务服务、用地保障、资金配套、财税补贴、投融资等政策支持。

(3) 广西区内

2018—2020年，广西全面实施旅游产业融合三年行动。交通运输、铁路、民航部门积极对接，携手合作，通过加强区域交通运输与旅游一体化基础设施建设、创新运游融合产品服务体系、打造交通旅游大数据平台等方式，进一步提升旅游交通服务品质，扩大新需求，创造新供给，更好地适应经济社会发展和人民群众旅游需求新变化，为促投资、促消费、稳增长提供坚实支撑。

近年来，广西各级交通运输、旅游部门全面贯彻落实党的十九大精神及习近平总书记赋予广西"三大定位"新使命，按照交通运输部等六个部门《关于促进交通运输与旅游融合发展的若干意见》精神，不断加大基础设施投入力度，加快形成运输与旅游融合发展的新格局，形成具有广西特色的旅游交通运输服务体系，推动广西全域旅游发展迈上新台阶。

未来，广西将以建设三大国际旅游目的地为依托，以广西特色旅游名县和重点旅游景区为目的地，加快规划建设高速公路和高等级公路至区内各高等级旅游景区（点）的连接线路，努力打通旅游交通的"最后一公里"，加快形成区内高速公路旅游网络格局，逐渐提高高速公路服务区和高铁旅游基础服务设施建设质量和水平，助推运游融合发展，全面加快全域旅游发展步伐。

7.2 "交通+旅游"融合发展的主要问题

面对人民群众高品质、多元化、个性化出行需求，现有的交通和旅游融合性明显不够，无法满足人们"快进、漫游"的需求。目前"交通+旅游"产业的融合发展虽然已形成必然趋势，但仍然存在诸多问题。

（1）交通网综合服务设施水平不高，影响区域旅游合作的深度

旅游景区的可达性、旅游景点的通达度、旅游交通质量都与地方旅游业发展和经济发展水平密切相关。省（区）内旅游资金和交通资金投入不足，直接导致旅游设施与交通基础设施等水平不高。

（2）景区内的旅游交通缺乏科学规划，旅游交通状况差

目前，许多景区内的旅游交通建设容易趋向两个极端：要么没有进行科学规划，不重视景区内的交通，景区内交通建设处于停滞状态，导致游客对景区的人为破坏；要么没有经过科学论证，没有充分考虑景区内的生态环境和原始风貌，在景区内修建宽广的公路或者到处修建索道、电梯等交通设施，这不仅破坏了景观生态环境，而且将景区的原始风貌彻底改变，其结果恰恰影响了景区旅游业的可持续发展。

（3）旅游交通发展不平衡，供给与需求出现结构性错位

无论是从旅游交通的硬件还是软件的投入和发展来看，区内整体上都要比东部发达地区落后，旅游交通在区内也存在明显的地区不平衡。广西人文和自然旅游资源丰富，需要以发达的旅游交通促进其旅游业发展。这就使得旅游交通供给与需求出现结构性错位，需要尽快加以解决。

（4）"交通+旅游"产业融合发展缺乏科学完善的体制机制

虽然目前国家出台了鼓励交旅融合发展的办法，但"交通+旅游"产业融合发展的管理体制、运行机制以及政策法规仍不完善，阻滞了交旅融合产业发展

推进的力度和效果。比如：交旅融合发展过程中的特许经营管理问题；相关行业标准和监管制度问题；土地收储模式和价格问题；旅游资源评估对价的方式问题；政府、企业、社会资本等多方混合经营旅游资源的监管问题；建设期和投入期的政府政策支持问题等，这些能否寻求体制上的突破和政策的创新，都缺乏指导和保障。

(5)"交通+旅游"产业融合发展缺乏成熟的盈利模式

由于旅游业和交通业都具有投资大、维护成本高、回报周期长的特点，目前"交通+旅游"产业融合发展仍处于探索试点阶段，还没有找到成熟的盈利模式和成功的案例，如何实现投资平衡仍然是交旅融合发展的重点考虑因素。

7.3 钟昭高速"交通+旅游"融合发展初探

(1)沿线旅游资源分析

钟昭高速主线途经贺州市钟山县、昭平县和桂林市平乐县，贺州是世界长寿市，桂林山水甲天下，两地已经开发或等待开发的旅游资源较为丰富。

钟山县。钟山县位于广西东北部，辖10个镇和2个瑶族乡，行政区域面积1483平方公里。钟山县山川毓秀，风光旖旎，旅游资源丰富且独具特色，在全国旅游资源类型的8大主类31亚类和155个基本类型中，全县旅游资源6主类齐全且有12个亚类，在全国155个基本类型中钟山县有25个。拥有花山等森林生态景观，英家粤东会馆、回龙龙道古民居等历史人文景观，既有十里画廊等喀斯特地质地貌景观，又有朝阳生态休闲及现代农业项目，还有以两安、花山为主要代表的瑶族风情，其中荷塘十里画廊为广西农业旅游示范点。极具市场竞争力和开发价值，是广大游客休闲观光的好去处。

昭平县。昭平县域面积3273平方公里，先后荣获全国文明城镇、广西壮族自治区文明县城称号，并连续两届荣获广西市容市貌南珠杯竞赛"优秀城市"奖，连续5年被评为全区社会治安治理模范县。

昭平县盛产茶叶、黄姚豆豉、沙田柚、蚕茧、晒烟、八角、蜂蜜、茶油、灵芝等。茶叶是昭平县新兴的绿色支柱产业之一。将军峰银杉、凝香翠茗、桂江碧玉春、象棋茶等昭平茶系列品牌，曾荣获中国"陆羽杯"名优茶评比特等奖、全国新技术新产品交易会金奖、中国(国际)首届名茶博览会金奖，获得国家农业部中国绿色食品发展中心"绿色食品"认证。县境内黄姚古镇(图7-1)是千年古镇，素有"梦境家园"之称，县境内还有大量原始森林，分布有五叠泉瀑布、马三家瀑布、黄花山温泉、孔明岩、出气岩、九如洞、北陀古墓群、天然睡佛、桂江风光等景区。七冲原始森林位于文竹镇境内，面积74.8平方公里，是广西东部天然林保存最好、植被种类最丰富的原生性天然林区，也是华南地区最完整的森林生态体系，是省级自然保护区。

平乐县。平乐县位于广西东北部，总面积1919.34平方公里，居住着汉、瑶、回等十二个民族。县内探明有开采价值的矿产资源30多种，主要农产品和土特产品有马蹄、莲藕、慈菇、葡萄等。平乐县历史悠久，境内居住着不少民族，主要旅游资源有平乐温泉、冷水石景苑、榕津千年古榕群及千年古街、桂江风景区、漓江风景区、茶江风景区、印山亭、令公庙、金山迎仙洞、粉岩、朝天岩、青龙月亮山、源头月亮山等。平乐县为漓江分界点，以北称漓江，以南称桂江（图7-2），是著名的桂林旅游区之一。

图7-1　黄姚古镇风情

图7-2　桂江之美

（2）开发沿线旅游资源的困境

以昭平县为例。

1）交通基础设施不能满足旅游需求。

在钟昭高速开通之前，昭平经由323国道与贺州市区及钟山县相连、经由321国道与梧州市蒙山县相连，除此之外，能与外界相通的仅剩桂江，但水运客运并未得到有效发展。昭平县境内山地面积占全县总面积的87.6%，素有"昭平不平"之说。受此影响，国道在崇山峻岭间穿梭，上半年雨季时，一旦发生道路塌方、滑坡等灾害，县境交通则完全瘫痪，这正是多年来制约昭平旅游经济发展的主要原因。钟昭高速开通后，昭平县将与贺州市区、钟山县形成1小时内旅游圈，与桂林市阳朔县、平乐县形成2小时内旅游圈，这对昭平发展旅游经济能起到超乎寻常的作用。但昭平出蒙山与梧州、柳州甚至南宁相接，还是极不方便，这一难点要等到贺巴高速昭蒙段、蒙象段、象来段等建成通车后才能得到有效解决。

2）旅游资源分散未形成片状发展。

成片状发展的旅游资源是提高游客量的重要因素。以桂林市旅游为例,游客受"桂林山水甲天下"吸引,到桂林市区后可游览两江四湖、象鼻山、靖江王府等,出市区则有"阳朔山水甲桂林"的阳朔,到兴安县有灵渠和猫儿山、乐满地,游览完这一连串景点需要花费3至5天时间甚至更长。相比之下,昭平县黄姚古镇即使闻名遐迩,但半天之内即可游览完毕,绝大多数游客不会在黄姚古镇多做停留,旅游资源的纵深发展远远不够。

3)人口总量小。

以半日游、一日游为主的昭平短途旅游,客源量主要依赖于本县或周边县,而调查数据显示,昭平县至2017年人口为44.8万,蒙山县不足30万,算上整个贺州市,境内也仅为205.6万人,除去外出学习、务工等的人,常住人口更少。人口总量小,加上经济发展水平落后,人均收入水平偏低,是限制昭平县短途旅游发展的另一个重要原因。

4)配套服务不足。

旅游是一项集游玩、饮食、住宿、购物等于一体的娱乐消费活动,除了在景点游玩这一主体活动外,餐饮、酒店、交通、商场等配套服务建设也是旅游业不可或缺的重要环节。据实地调查,昭平县旅游配套服务见表7-1。

表7-1 昭平县旅游配套服务表

类别	等级	数量	类别	等级	数量
酒店	星级	无	交通	公共交通	少量
酒店	连锁	1	交通	公共交通	少量
餐饮	星级或连锁	无	旅行社	品牌连锁	1
商场	大型或土特产专门市场	无	交通	出租车或网约车	无

(3)交旅融合发展的初步尝试

1)钟昭高速。

基于交旅融合发展模式投资大、回报慢、风险高的特征,企业在开展该项工作前,都是经过深思熟虑的。钟昭高速沿线旅游资源丰富是事实,而各项配套设施跟不上交旅融合发展需求也是事实。前期,广西北部湾投资集团数次派考察组深入昭平县与县政府对接,就昭平县茶文化、水资源开发等进行磋商,达成了一些共识;并与蒙山县政府对接,两次派员到重庆武隆、冷水等地调研交旅融合发展模式,以期开发蒙山县武侠文化(蒙山县是武侠小说大师梁羽生故乡)旅游。但考虑到交通、酒店、饮食、商场、旅行社等配套服务欠发展这一主要因素，钟昭高速沿线旅游资源开发工作没有得到实质性进展。2019年7月，广西新发展交通集团与蒙山县人民政府签署了交旅融合发展战略框架协议，为项目在蒙山县境内发展交通+旅游产业作了良好的开局，见图7-3、图7-4。

图7-3　与地方政府签订交旅融合发展协议

图7-4　蒙山天书峡谷旅游区与蒙山服务区毗邻

2）都巴高速"百里画廊服务区"。

广西新恒通高速公路有限公司作为贺巴高速（都安至巴马段）的建设单位，规划打造"大化百里画廊服务区"，契合大化县"美景、美食、奇石、养心、养生、瑶乡"旅游品牌核心，创建"全区全域旅游示范区"，使高速公路交通出行与沿线旅游资源开发深度融合。

①区位优势。

大化服务区位于贺巴高速都巴段大化县白马乡，在省道314交接处，现有道路交通组织组合较好。大化服务区距离大化县城30公里，距离都安县50公里，距离巴马县60公里，地处三县合围的中心区域；且临近红水河，毗邻红水河百里画廊，周围自然风光好，旅游资源丰富。大化县是"中国特色美食之乡""中国绿色食材基地"，每年接待国内外游客约145万人次，旅游总消费约17.88亿元，且县政府对发展旅游业有较大力度的政策扶持。

②设计思路。

总体规划布局采用单边双侧服务区模式，服务综合楼共享，便于聚集商业人气；在设计理念上追求打造滨水景观型服务区；设计注重完整性，又兼顾细节，重视人文关怀。要将服务区本身的基本功能和新增旅游功能、特色主题进行有机结合。

③总体定位。

打造具有滨水活力、生态体验，以及瑶族特色文化的高速公路服务区，争创全国最美滨水民俗服务区和全国百佳示范服务区。

④景观结构。

总的来说，就是打造"一轴、三区、多节点"模式，即：一轴，生态景观轴；三区，特色名宿区、文化休闲、综合服务区；多节点，临水名俗、露营基地、儿童乐园、风雨廊亭、景观跌水、阶梯剧场。

⑤经营模式。

大化服务区采用统一规划、品牌管理、建设经营管理一体化理念，全福区实行"卖场经营"模式，推行平价消费理念，民生商品实行"同城同价"，经济效益依托春运等节假日实现增长。为贫困户的特色产品搭建平台，助推精准扶贫脱贫。实行"服务区+精准扶贫"模式，以便利店、扶贫超市为平台，推广扶贫车间、扶贫基地等载体，助力脱贫攻坚，在服务区打造特色产品销售展示窗口，为贫困村农户自产农副产品打开销路。

图7-5为大化服务区效果图。

图 7-5　大化服务区效果图

7.4　贺巴高速"交通+旅游"融合发展的建议

"交通+旅游"融合发展是一盘棋，贺巴高速各段或公司各项目指挥部受政策、资金、人才等条件限制，无法成为操盘手，应从广西北部湾投资集团或从广西新发展交通集团入手，做好顶层设计，高瞻远瞩地进行全面布局。

(1)统筹编制交旅融合发展规划，将交旅融合一体化发展纳入集团总体战略规划

建议集团公司出台交旅融合发展的总体规划，统筹考虑旅游要素和交通(高速公路+路网工程)需求，促进两个行业发展规划的协调配合。同时，与市县地方政府深入对接，结合"多规融合"项目，加强生态保护红线规划、土地利用总体规划和旅游功能区划的融合，形成"规划一张图"。比如：按照"多规融合"的要求，积极推进交通运输规划、旅游发展规划与经济社会发展规划、城乡建设规划、土地利用规划、风景名胜区规划等有机衔接。

(2)建立健全交旅融合发展的体制机制

建议由集团公司主管部门建立交旅融合发展的管理体制，将交旅融合发展纳入部门工作职责，形成发展推力；制订配套协调的公司规章制度，规范交旅融合发展秩序，避免资金、市场运营风险，实现一体化发展；建立综合调节机

制,采取"对接政府、企业主体、市场运作"模式,提升发展效益。针对地方政府融资难的现状,建议采取以景点资源有偿转让和政府资源入股等形式,将资源转化为资金,采取社会多方参与开发方式,建立旅游开发投入共担、资源共享、利益分享机制。

(3) 发挥全产业链优势,创新项目投资平衡模式

整合旅游资源,创新项目投资平衡模式是促进交旅融合发展的保障。建议由集团公司优化整合全产业链优势,将高速公路建设、路网建设、房地产开发、水资源开发等进行融合发展,实现集团内部各分、子公司联手共建。同时,还可从资金和资源上考虑,建立合理的项目补偿机制,既依托已有的交通基础设施、旅游景区及大数据资源,加快智慧旅游交通平台建设,也可综合集团公司内部各分、子公司的资源优势。

(4) 分散风险压力,寻求战略性合作

以昭平县为例。交旅融合发展产业投入大、产出慢、风险高,需要寻求战略性合作,以分散风险压力。一是寻求政府合作。正如前文所述,发展旅游需要完整的交通、酒店、商场等配套服务,这些配套服务与地方政府发展规划密切相关,寻求政府合作,了解和掌握政府政策,预判旅游资源开发回报,可减小投资失败的概率;寻求政府合作还包括地方政府通过转让土地、提供政策支持等方式,代替直接资金注入,既缓解政府融资困境,也为企业发展交旅融合提供便利。二是寻求地方企业合作。集团公司对昭平县旅游资源和地方文化的深挖受时间、空间影响,可能出现了解不透、掌握不实等现象,寻求地方企业合作则可有效避免此类问题发生。如:开发昭平茶叶资源、深挖茶文化,可寻求与亿健、将军峰等茶叶企业合作;开发水资源、水陆旅游资源可寻求与梦境家园投资公司合作。

第 8 章
队伍建设

人才,是指具有一定专业知识或专门技能,能进行创造性劳动并为社会或国家做出贡献的人,是人力资源中能力和素质较高的劳动者。孔子曰:"《易》之为书也,广大悉备。有天道焉,有人道焉,有地道焉。兼三才而两之,故六。六者非它也,三才之道也。"人才两字即出于此。

具体到企业中,人才是指具有一定的专业知识或专门技能,能够胜任岗位能力要求,进行创造性劳动并对企业发展做出贡献的人,人才是人力资源中能力和素质较高的员工。企业的人才总量包括经营人才、管理人才、技术人才和技能人才。

习近平总书记指出,新时代,我们党要团结带领人民实现"两个一百年"奋斗目标、实现中华民族伟大复兴的中国梦,必须贯彻新时代党的组织路线,努力造就一支忠诚干净担当的高素质干部队伍。

本文所述队伍建设主要是指两支队伍建设,即:领导班子和员工队伍建设。

领导班子建设包括调整和完善领导班子结构、提高领导班子成员素质、增强领导班子整体功能等各项工作。领导班子建设是整个干部队伍建设的关键,包括政治建设、思想建设、组织建设、作风建设、纪律建设、制度建设和能力建设等方面,核心内容是提高领导水平和执政能力。

8.1 领导队伍建设

8.1.1 领导班子建设重点工作

2017年4月,习近平总书记视察广西时提出了"五个扎实"的要求,其中明确指出领导班子是一个地方、一个单位的"火车头",建设好领导班子是夯实党执政的组织基础的关键,也是抓好改革发展、稳定各项工作的关键。特别要提高领导班子思想政治水平、专业化水平、贯彻执行民主集中制水平,强化领导班子整体功能。

(1)加强领导班子建设,打造坚强有力的领导集体,必须抓好思想政治建设这个"灵魂工程"。

思想政治建设是领导班子建设的灵魂,事关长远和全局。必须牢固树立政治意识、大局意识、核心意识、看齐意识,讲政治、顾大局;坚定道路自信、理论自信、制度自信和文化自信;自觉在思想上政治上行动上同以习近平同志为核心的党中央保持高度一致,坚决维护习近平总书记党中央的核心、全党核心的地位,坚决维护党中央权威和集中统一领导。必须牢固树立坚决贯彻落实自治区党委政府关于全区经济社会文化生态发展战略决策的思想,坚决贯彻落实北部湾投资集团"一三四五"发展目标。

(2)加强领导班子建设,打造坚强有力的领导集体,必须切实提高领导干部的专业化水平

随着改革开放和社会主义市场经济的深入发展,越来越需要大批有战略思维、国际眼光、专业素养的高素质干部。必须高度重视干部的能力培训,完善知识结构,增长实践才干,提高推动改革发展的专业化水平。要经常组织领导干部走出去学习先进地区的发展经验,提升干部在招商引资规划、征地拆迁、项目策划等工作的专业化水平。在县县通高速公路项目推行的设计施工总承包模式和区市共建模式,要求领导班子具备更多更深层次的相关专业知识,才能更好地把握和发挥以上两种模式的优势。

(3)加强领导班子建设,打造坚强有力的领导集体,必须提高贯彻执行民主集中制水平

民主集中制是党和国家的根本制度,是科学的领导方法,是加强领导班子思想政治建设的重要内容。习近平总书记强调,要注重加强民主集中制教育培训,使各级领导班子都立好规矩,形成既激发个人又依靠集体、既信任鼓励又批评监督、既包容失误又及时纠错、既团结协作又不违原则的良好政治生态。要严格执行"三重一大"决策制度,重大事项决策、重要人事任免、重要项目建设、大额资金使用等事项要经过领导班子集体会议研究决定,不断提升决策的科学化水平。

(4)加强领导班子建设,打造坚强有力的领导集体,必须抓好廉政勤政建设

廉洁自律对领导干部而言是最起码的要求,也是领导干部应具备的基本素

质和道德准则。只有清正廉洁，才能凝聚人心；只有廉洁自律，才能树立权威。领导干部必须抓好职责范围内的党风廉政建设，坚决不能只重业务而轻党建党风廉政建设。

领导干部是一个单位、一个部门的领头羊，领导干部是否勤政务实，真抓实干，是否起到了良好的带头示范作用，关系一个单位工作作风的好坏，关系一个单位在群众心中形象的好坏。具体来说，领导班子要经常关心关爱员工，及时通过各种途径与员工谈心谈话，掌握员工思想动态；领导班子要经常深入一线调查调研、检查指导，找准项目建设难题，针对问题想办法；领导班子要带头遵守单位规章制度，带头遵守中央八项规定要求。

8.1.2 领导班子建设存在的问题

整体来说，在广西北部湾投资集团党委的坚强领导下，参与钟昭高速建设的业主、总监办、总承包单位及其各分部领导班子表现出了较高的政治觉悟、良好的思想品德、严谨的作风纪律和较强的领导能力，为项目建设起到了凝聚人心、团结力量、树立榜样、指明方向的作用。但也存在一些问题，主要表现在：

(1) 班子成员更换频繁

据统计，总承包单位及其分部在项目建设的 3 年内，主要负责人及分管领导都出现了更换变动。如：总承包经理部总经理、党支部书记，二分部项目经理、党支部书记，三分部党支部书记，四分部项目经理、党支部书记等，均出现了一至两次的变动。领导班子成员变动频繁不利于政策的一以贯之，不利于团结人心力量，导致了项目建设思路的变动不连贯。

(2) 成员数量配备不足

由广西路桥集团和广西交通设计院组成的联合体承担着钟昭高速总承包的责任，总承包经理部领导班子主要由广西路桥派员组成，实际设总经理 1 名、党支部书记 1 名、副总经理 1 名，领导班子成员数量配备不足，影响总承包管理工作。随着广西路桥集团业务承揽市场的扩大和承接项目的增多，政工干部出现严重不足的现象，体现在具体工作上是在项目建设后半期，除一分部外，其他三个分部均无党支部书记在岗，部分项目甚至无正式聘用的政工员，导致其政工工作脱节。其他如专职安全员、计量工程师也配备不足。

指挥部领导班子配备不足，仅设置指挥长 1 名、副指挥长 2 名，未设置独立的总工程师岗位，财务、党务两块工作未设立专门领导岗位。

(3) 班子能力参差不齐

相比较而言，总承包经理部一、二、三分部领导班子在内部决策力和对指挥部决策的执行力方面，表现出了较强的能力；四分部领导班子能力相对较弱，项目建设速度、质量、安全等各项管理工作跟不上整体步伐。

8.1.3　解决问题建议

（1）组建一支相对稳定的领导班子

对"一张蓝图绘到底"最大的支持是确保有一支相对稳定的领导班子，如无重大岗位调动需要或涉及重大违规违纪问题，应避免或减少指挥部、总监办、总承包经理部及其分部领导班子成员的变动，保证建设思路和理念的执行到底、连贯有序。

（2）领导班子成员足额配备

当前，高速公路建设项目规模越来越大，单个标段合同总额就达到了10至20亿元，有些甚至更大。现代工程管理追求高效、节约原则，讲究精简机构、裁减冗员，但并不是指应设置的岗位不设置，岗位应配备的人员不到岗。总承包经理部在项目建设中应充分发挥好统领统管的作用，扮演好项目建设总协调角色，不但领导班子成员需要足额配备，各职能部门人员也应足额配备；各分部不能因为到项目建设后期就逐渐忽略领导班子和职能部门人员结构问题，只要项目一天不通车，各岗位就必须确保正常运转，问题往往出现在通车前的最后一段时期。关于指挥部领导班子的配备，除指挥长和党组织书记外，建议配备3名副指挥长、1名总工程师和1名分管财务领导、1名专职党组织副书记。

（3）组建一支能力较强的领导班子

一方面，配备一支能力较强的领导班子，使其在年龄、知识、政治面貌等结构上达到最优化；一方面，执行领导班子成员能者上、庸者下制度，对那些确实有能力但资历尚浅的员工要勇于提拔，对那些即使资历老但确实跟不上项目建设管理步伐的班子成员要及时调整；另一方面，要加强对领导班子的思想政治和领导能力教育培训。

8.1.4　指挥部典型做法

项目建设3年来，钟昭高速指挥部领导班子思想政治觉悟高，领导能力水平高，专业技能水平高，民主决策能力强，班子集体团结向上、廉洁勤恳，未有一人出现一起违纪违规现象，为员工起到了良好的带头作用，为项目建设指明了方向、带对了道路。

（1）重视学习

1）加强思想政治学习。

将每个月的第一周、第四周定为领导班子学习周，集中学习习近平总书记重要讲话精神，学习党章党规，学习中央国务院重要文件精神和自治区党委政府重要文件精神，始终将习近平新时代中国特色社会主义思想作为行动纲领，增强"四个意识"，坚定"四个自信"，做到"两个维护"。

2) 加强业务能力学习。

通过集中学、个别学方式和主动到区内同行业工程项目走访参观方式学习建设管理工作经验，提升主管和分管业务指导能力。

(2) 决策民主

1) 执行"三重一大"决策制度。

严格遵守和执行"三重一大"讨论决策制度，对指挥部职权范围内的重大决策、重要人事任免、重大项目建设、大额资金使用等事项进行领导班子集体讨论决策，既不搞独断专行，也不搞一言堂。

2) 两周碰头会。

针对"三重一大"决策范围外事项，采用"两周碰头会"方式进行集中协商研究解决。碰头会每两周举行一次，由各职能部门负责人汇报工作存在问题、需要协调事项，领导班子对问题进行现场讨论，制订解决方案。

(3) 周工作简讯

每周日，职能部门负责人以列表格的方式，总结上周工作完成情况、列出下周工作计划，完成情况包含存在问题和出现问题的原因以及处理建议，周工作简讯发分管领导和指挥长批示处理。

(4) 服务型领导班子

领导班子不搞特权、不摆架子，带头坚决抵制"四风"。制订《建设单位工作行为手册》，要求对承包人提供优质服务；推行"3天1巡查1整改1反馈"制度，领导班子下一线、找问题、解难题。

8.2 员工队伍建设

人力资源是企业的基础性资源，也是根本性资源，有一支高素质的员工队伍是企业取得长足发展的决定性因素。因此，加强员工队伍建设，提高员工队伍思想觉悟、业务水平等综合能力，是企业各项工作的重中之重。

8.2.1 优秀员工队伍应具备的素质

(1) 强烈的企业文化认同感

优秀人才的前提是：人是你的。而留住人才的前提是他们对企业文化的认同和接受，他们心甘情愿在这样的环境和氛围下工作和发展。员工对企业文化的认同促使其形成对企业的归属感，有归属感的员工才会以主人翁的角色主动承担起企业发展的责任。对企业文化的认同集中体现在：我是这里的一员。

（2）较高的专业技能水平

领导层做决策，包括普通员工在内的管理层负责具体执行。企业的员工队伍是由单个在普通岗位上从事不同工种的人组成的，这就要求每个员工都要具备较高的专业技能水平，以便能在各自本职岗位上取得实际成效。企业的正常运转需要各工种各岗位员工正常发挥职能，任何一个环节出现错误，都会导致整个链条脱节从而影响企业的正常发展。

（3）良好的思想道德素质

思想道德是指个人在一定的教育条件和社会环境影响下，通过自身认识和社会实践，在政治倾向、理想信仰、思想观念、道德情操等方面形成的较为稳定的品质。在员工队伍所有素质组成单位里面，思想道德是排在第一位的。品行端正，正直无私，具有正确的人生观、价值观、世界观，忠诚于党、忠诚于国家、忠诚于人民、忠诚于企业，这样的员工才是企业发展所需要的。

（4）团结协作乐于奉献的精神

众人拾柴火焰高。企业需要一支团结向上、精诚合作的员工队伍，那些搞团团伙伙、拉小山头、挑拨是非、散布谣言等行为的人，都应该被清退出企业的大门。员工队伍只有团结协作，拧成一股绳，心往一处想、力往一处使，才能保证企业力量实现边际效益最大。乐于奉献也是高素质员工队伍应当具备的特征，中饱私囊、损害企业利益的行为不可取，是企业发展的绊脚石。

（5）适合企业发展的创新精神

社会在变革，企业在发展，发展是永恒的主题。员工要树立与企业改革和发展相适应的思想观念，增强危机感、使命感、紧迫感和应变能力。抱残守缺、保守固化的思想不利于企业在迅速发展的社会浪潮中站稳脚跟、谋求突破。

8.2.2 提高员工队伍综合素质的意义

（1）提高员工队伍素质是企业谋求发展的内在要求

员工是企业生产力诸要素中最重要、最活跃的要素，一支具备高素质的员工队伍是企业发展的坚实基础，如果员工素质低下，企业良好的管理就无从谈起，即使企业拥有了现代化的设施，也拥有英明的领导者，但不具备与之相匹配、相协调的高素质员工队伍，那么企业最终也不会产生良好的经济社会效益。所以，提高员工队伍的素质是企业加强自身管理、谋求发展的关键所在。

（2）提高员工队伍素质是增强企业竞争实力的需要

当前，社会正处于急速转型、高速发展阶段，市场竞争之激烈程度，前所未有。在以信息、知识、科技为基本要素的竞争年代，谁掌握了先进的知识和科学技术，谁就有竞争的实力和本领，谁就能在市场上占有一席之地。而先进的知识、科学技术归根结底是从员工身上迸发出来的，因此，提高员工素质是增强企业竞争力的需要。

8.2.3 员工队伍存在的问题分析

通过对钟昭高速各参建单位员工队伍的分析，发现主要存在以下几个问题。

(1) 结构性失衡

员工队伍的年龄结构、知识结构失衡。虽然我们提倡干部队伍年轻化，但就承包单位来看，一线管理人员年龄普遍为30岁以下，大学毕业新员工较多，现场管理经验不足、能力不足；以大学本科为主的员工队伍在从事管理工作上有良好优势，但因专业技能不强、操作能力低下，在与劳务协作人员沟通过程中出现较多问题，管现场、管安全不充分、不全面。随着承包人上级单位市场业务的扩大，其储蓄的后备人才不足，有经验的管理人员出现断层现象，部分管理人员业务水平、管理能力与岗位不符合，人岗不匹配。承包人为快速填补人才空白，出现小材大用、揠苗助长现象。

(2) 责任心不强

一方面，受市场经济追求利益最大化影响，加之信息大爆炸环境下员工思想活跃、获取信息简便，重索取、轻回报的心态加重；另一方面，因承包人对政工干部配备不足，项目思想政治建设落后于生产发展，员工归属感减弱、职业道德下降。这些促使员工在工作上打折扣，敷衍塞责、应付了事，甚至还出现了损公肥私的不良现象。

(3) 流动性较大

责任心不强和对企业归属感减弱，导致员工对企业忠诚度降低，抵制不了其他企业的高薪诱惑。企业用工形式的多样化（既有集团聘用，也有分公司聘用，还有项目聘用）虽然短期内节约了管理成本，但因员工的来源不同、待遇不同，加之项目聘用员工整体素质不高，带来很多负面影响，成为不稳定因素。2017—2018年，承包人对员工薪酬结构进行调整，收入普遍高出同行业水平，到2019年又普遍降低员工薪酬，直接导致优秀人才的流失。

(4) 不主动学习

工程行业的野外施工特点导致外业施工人员很难有充足的时间进行集中学习或自主学习，食堂、宿舍、现场三点一线，久而久之，从事外业的施工人员出现政治敏锐性差、履职能力低等现象。重业务、轻学习，仅守在自己的一亩三分地上,阻断了吸取新知识、掌握新经验的道路,逐渐开始本领恐慌、遇事无主见,遇到困难就躲避。

8.2.4 提升员工队伍综合素质的措施

(1)加强学习教育

学习教育是提升员工队伍综合素质和能力最便捷的途径,要注重对忠诚担当、爱岗敬业、团结协作等内容的宣传灌输,帮助员工树立正确的人生观、价值观、社会观。

1)教育员工忠诚担当、爱岗敬业。

强化以社会主义核心价值观为主要内容的爱国主义教育,增强员工爱岗、敬业、奉献、忠诚的思想意识,帮助员工转变观念、认清形势,要有优胜劣汰、适者生存的紧迫感、危机感。

2)教育员工树立主人翁意识。

促使员工形成"企业是家"的责任意识和主人翁意识,通过教育使员工认识到自己不仅仅是追求利益的经济人,更要是有着丰富感情和高尚追求的社会人。员工要做到个人目标与企业目标一致,个人利益与企业利益一致,要有强烈的责任心和使命感,要与企业肝胆相照、荣辱与共。

3)教育员工正视生存需要。

马斯洛需求层次理论认为,人的需求从低往高依次可以分为:生理需求、安全需求、爱和归属感尊重、自我实现需求。生理需求和安全需求是人的基本需求,是人作为人必须得到满足的,教育员工要在追求基本需求的同时,懂得爱、归属感和尊重,这个层次的需求正好来源于员工对企业的爱、归属感和尊重,它们是相互的。自我实现需求是最高层次的需求,讲究员工要奉献企业。

4)企业文化宣贯。

加大企业文化宣传力度,丰富企业文化宣传载体和平台,提高员工对企业文化的认同感,使员工快速融入企业文化并使其形成"自己是企业不可或缺的一分子"的思想意识。企业文化宣贯的载体可以是手机短信、QQ群、微信公众号、横幅板报等;宣传方式包括知识考试、新闻文章、文娱活动等。

(2)优化人员结构

合理的年龄结构和知识结构应呈橄榄球状,即:中年人比例居高,新入企员工和临近退休员工比例居低;拥有本科、硕士学历或中级、高级职称的中等文化员工比例居高,专科学历或初级职称员工比例居低。橄榄球状的年龄和知识结构是稳定结构。员工来源可以多样化,但进入企业后不应再以学历、职称作为评定员工薪酬的标准,而应以工作能力和贡献为标准。

(3)加强专业技能培训

过硬的专业技能水平不仅与企业发展密切相关,更与员工本人收入、前途和家庭幸福密切相关,员工的专业技能水平越高,才能得到越好的发展机会。所以,加强专业技能培训,既是企业发展的需要,也是对员工的投资,更是员工对企业归属感的重要来源。企业要根据不同岗位、不同工种制定培训计划,还可以通过岗位练兵、技能比武的形式提升员工专业技能水平。

8.2.4 钟昭高速员工队伍建设

(1)导师带徒

针对新入企员工开展"导师带徒"工作。选定工作经验丰富的老员工或部门负责人担任导师,通过签订导师带徒协议、制订导师带徒计划、执行计划内容、按季度考核、进行年终总结等形式,对新员工进行一对一培养。导师带徒的内容涉及岗位知识技能、企业文化、文明礼仪等各方面,以提升新员工的整体综合素质为主要目标。2017年,指挥部新入职员工7人,结成师徒关系7对,通过一年导师带徒培养,到2018年,7名徒弟均成长为独当一面的岗位能手,见图8-1。

图8-1 优秀导师、徒弟

(2)新恒通讲堂

年初制订讲课计划,领导班子成员和各部门负责人及经验丰富的工程师担任讲师,围绕行业规则、公司规章制度、岗位职责、专业知识等内容开设讲堂,每月一期。新恒通讲堂实现了既培养员工舞台表现能力又对员工进行全面知识培训的目标,见图8-2。

图8-2 新恒通讲堂

(3)职工书屋

指挥部设立职工书屋一间,购买和搜集工程、法律、合同、党建、文学、医药等各方面书籍达2000余册;并注册成为中国知网、中国期刊网等著名论文网站会员。职工书屋作为员工业余学习园地,为员工丰富知识、开阔眼界、提高素质提供了良好平台,见图8-3。

图8-3 职工书屋,藏书2000余册

(4)打造家文化

员工对企业文化的认同,对企业的归属感和忠诚度,除了依托可观的经济收入和健康的晋升渠道外,还需要依托多彩的文体娱乐活动来丰富员工的业余生活。钟昭指挥部开展的具有代表性的文化活动包括集体生日和一封家书(具体内容详见本书第9章打造文化品牌)。

第 9 章
打造文化品牌

　　文化,是项目全体员工的气质形成;是最能区别于别的行业或同行业别的单位的显著特征。项目指挥部自 2016 年挂牌成立至今,一直高度重视文化建设工作,通过具有代表性的"保通车"一队一号、"六个一"文化建设等品牌文化打造工作,逐渐形成了团结向上、克难攻坚、无私奉献、虔诚谦恭的文化特征。这种文化支撑着项目全体建设者一路披荆斩棘、砥砺前行,最终高质量提前完成了自治区党委政府和人民群众赋予的使命。

9.1 保通车"一队一号"

　　钟昭高速是广西区内高速公路建设领域首段采用"设计施工总承包模式"和"区市共建模式"进行合作和建设的高速公路,在品质工程、标准化管理、建设速度、党建引领、交通扶贫等各项工作上,均得到了交通主管部门的充分肯定,在行业内树立了标杆。为总结项目建设系列经验,发挥党员和青年员工先锋模范带头作用,既按期完成通车目标,又深入创建品质工程,保通车"一队一号"活动应运而生,保通车标识见图 9 - 1。

(1)活动主题

发挥党建引领保通车,创建品质工程树标杆。

(2)活动时间

2018 年 1 月至 2019 年 10 月。

(3)活动地点

贺州至巴马高速公路(钟山至昭平段)全线。

(4)活动参与单位

图 9-1　保通车标识

贺州至巴马高速公路(钟山至昭平段)全体参建单位。

(5)活动内容

1)保通车"一队一号"。

保通车"一队一号"活动即调动党员先锋模范作用和青年员工主力军作用,使全体参建员工鼓足干劲、奋发有为,在建设品质工程的基础上,按期完成通车目标。其中,"一队"即保通车突击队;"一号"即保通车集结号。

2)保通车突击队。

保通车突击队是项目建设克难攻坚的主力军,针对各分部分项控制性工程设立,共 10 支队伍。分别是:同古互通突击队、莲塘互通突击队、水洞口大桥突击队、桂江大桥突击队、房建突击队、机电突击队、绿化突击队、交安突击队、征拆遗留问题突击队、监理管理突击队。

3)保通车集结号。

保通车集结号旨在完成两个主要目标:一是建设品质工程,二是按期实现通车,共建立 6 支队伍。分别是:党员先锋号、青年攻坚号、进度冲刺号、质量监督号、安全警示号、环境保障号。

①党员先锋号。充分发挥党员在项目建设中的先锋模范带头作用,一个分部分项工程一个党员先锋号。党员同志要冲锋在前、吃苦在前,一名党员、一面旗帜。

②青年攻坚号。青年员工是项目建设的主力军、排头兵,要充分发挥青年员工敢想敢干、克难攻坚的优势,旗帜鲜明地创建青年文明号。

③进度冲刺号。保通车关键看进度,一个分部成立一个冲刺号,针对剩余工程量倒排工期,要制订时间表、作战图,实行挂图作战。

④质量监督号。质量是建设品质工程的基础。指挥部、总监办、各分部成立质量监督号,巡查、严查质量工作,杜绝质量隐患,消除质量通病。

⑤安全警示号。安全是建设品质工程的关键。指挥部、总监办、各分部成立安全警示号,巡查、严查安全工作,杜绝安全隐患,减少安全事故。

⑥环境保障号。建设品质工程环境是保障。指挥部、总监办、各分部成立环境保障号,贯彻标准化施工,提高文明施工水平,做好水源、土壤、珍贵动植物的保护工作。

图9-2为"一队一号"授旗。图9-3为挂牌作战、挂旗作战。

图9-2 "一队一号"授旗

图9-3 挂牌作战、挂旗作战

(6)管理机构

1)成立保通车"一队一号"活动领导小组。

组长:冯学茂

副组长:王万展、吕化冰、陈恭

组员:廖首道、刘邦胜、罗勇、蓝高鹏、林谢敏、吴明峰、施俊靓、韦宇辉、谢才文、吕立波、李志明

保通车"一队一号"活动领导小组负责"一队一号"活动组织领导工作,同时也是活动的考核机构。

领导小组下设办公室,办公室设在指挥部综合部,负责日常联络、组织考核、进度跟进等具体工作。

主任:罗勇

副主任:廖首道、刘邦胜

成员:施俊靓、吕立波、卜海勤、李晓萍、崔胜海

2)保通车突击队。

①监理管理突击队。

队长：李志明

队员：梁聪、李剑辉、崔胜海、黄文进、战秀兰、何文浩

②同古互通突击队。

队长：周小喜

队员：马业矩、韦继酒、苏文、陈敏、蓝鹏越、韦呈勇、吴为权、朱淑飞

③其他莲塘互通突击队、水洞口大桥突击队、桂江大桥突击队、房建突击队、机电突击队、绿化突击队、交安突击队、征拆遗留问题突击队成员不一一列举。

3）保通车集结号。

①党员先锋号。

号长：冯学茂

成员：王万展、吕化冰、罗勇、蓝高鹏、吴明峰、廖首道、林谢敏、施俊靓、张振楠、黄诗洪、黄文聪、肖杰、张杰、曾良球、卜海勤

②其他青年攻坚号、进度冲刺号、安全警示号、质量监督号、环境保障号成员这里不一一列举。

图9-4为保通车"一队一号"风采。

图9-4　保通车"一队一号"风采

（7）管理办法

钟昭高速指挥部制订发行了《保通车"一队一号"活动管理办法》（图9-5），《办法》分总则、条件与标准、组织机构、目标计划、考核管理、奖惩办法、附则7章共22条，具体内容这里不详述。

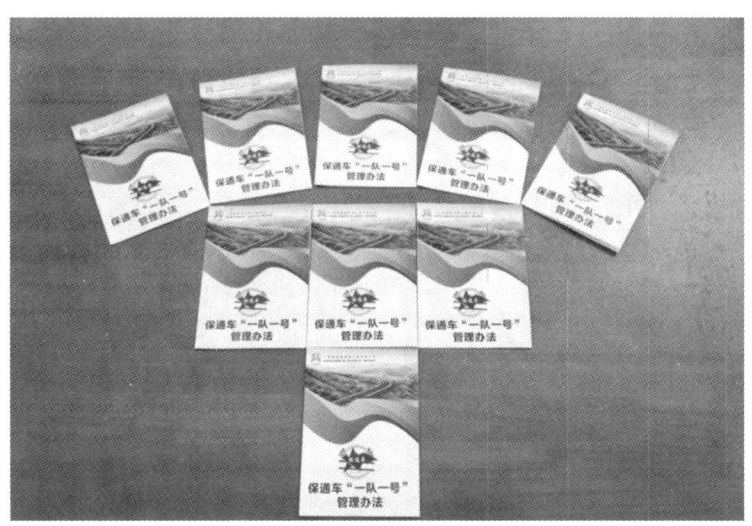

图 9-5 《保通车"一队一号"管理办法》

(8) 典型事例

1) 重点突破,关键突击。

2016 年 12 月底,钟昭高速主线陆续进入施工。项目的控制性工程包括同古互通、桃溪大桥、木兰隧道和桂江特大桥等,每项控制性工程都有其特殊的难题。拿同古互通来说,工程概算 3.84 亿元,连接包茂高速(桂林至贺州段)、桂林至梧州高速和贺州至巴马高速,而包茂高速和桂梧高速处于运营状态;又如桂江特大桥,主桥横跨西江支流桂江,典型的亚热带季风气候使得雨季长而猛,桂江在整个上半年处于汛期,水中施工困难大、风险高。要解决这些问题,等和靠都没有出路,必须主动出击。2017 年上半年,控制性工程突击队在项目全线正式成立,并同时发布了组织机构、进度计划和考核方案。突击队员在最困难的地方冲锋,看到突击队旗,就看到了希望。到 2018 年年底,项目控制性工程全部完成。

2) 一名党员,一面旗帜。

党的十九大报告指出,党员要勇于攻坚克难,以钉钉子精神做实做细做好各项工作。党员先锋号就是在这样的背景下成立的。桃溪大桥全长 875 m,共 18 跨,主墩 69 m,位于峡谷之间,风特别大,高空作业安全隐患多;最让人头痛的是它穿越饮用水源一级保护区,施工和环境保护很难兼顾。从 2016 年年底至 2017 年 5 月初,遭遇了一段时间的停工。面对 2019 年 9 月建成通车的目标，不能再等，党员要冲在最前面。很快，指挥部牵头，从大桥建设的业主、监理、施工和劳务协作队伍中组织起9名党员，那以后，党员先锋号的旗帜高高飘扬在大桥上空。最终，桃溪大桥于2018年12月贯通，它在标准化建设方面取得的良好成绩，为全线施工树立了标杆，不但质量、安全零事故，而且实现了对饮用水源的零污染。

受到桃溪大桥党员先锋号的启发，到2017年年底，钟昭高速相继成立的党员先锋号达到了12支，队员突破80人，典型代表见图9-6。

图9-6　保通车"党员先锋号"典型代表

品牌内涵：保通车"一队一号"活动旨在通过旗帜引领方向、团结力量，号召党员、团员青年集中突击困难、全面解决问题。

服务宗旨：凝聚核心力量，攻克建设难题。

品牌使命：实现工程建设进度、质量、安全、环保的齐头并进。

品牌价值观：团结、拼搏、专注、创新。

品牌愿景：打造品质工程，建设绿色公路。

服务精神：吃苦在前，冲锋在前，一面旗帜，一个榜样。

9.2 "六个一"文化建设

文化建设作为企业管理的根和魂,对企业的发展壮大起到至关重要的作用。钟昭高速指挥部始终坚持以党的十九大精神和习近平新时代中国特色社会主义思想为引领,以弘扬社会主义核心价值观为目标,坚持人本化、坚持创新创造,通过大力倡导和开展"六个一"文化建设工作,团结人心,凝聚力量。

"六个一"文化建设工作,即:一封家书寄深情,一部经典永流传,一个平台育人才,一个比武铸匠心,一项志愿服务惠民生,一个文化长廊写品质。

(1)活动主题

文化锤炼品格,文化引领发展。

(2)活动时间

2017年1月至2019年10月。

(3)活动地点

贺州至巴马高速公路(钟山至昭平段)全线。

(4)活动参与单位

贺州至巴马高速公路(钟山至昭平段)全体参建单位。

(5)活动内容

1)一封家书寄深情。

为弘扬和传承仁、义、礼、孝等中华民族传统美德,努力践行社会主义核心价值观,关心关爱父母、妻儿,构建温馨、和谐的家庭环境,提高员工生活幸福指数,从2017年下半年开始,指挥部党支部推出"一封家书寄深情"活动。内容主要包括:员工写家书,家属回家书,员工读家书。此外,为营造企业一家氛围,提升员工归属感,进而推动各项管理工作,指挥部党支部开展丰富多彩的员工集体生日活动:包括搜集寿星家属的祝福,制作成视频;全体员工祝福贺卡;团队素质拓展活动;QQ群祝福信息等。在为员工过集体生日的基础上,党支部根据实际情况,为员工建设了体育馆和健身房。指挥部员工生活和工作氛围和谐、融洽,全体员工团结协作、努力奋斗,投资建设工作顺利推进,见图9-7,图9-8。

图9-7 员工与家属互通书信

图9-8 集体生日

2)一部经典永流传。

经典文学作品是中华民族的精神食粮。为学习和宣传经典文学作品,吸取知识、锻造品格、培养情操,从2018年年初开始,指挥部党支部推出"一部经典永流传"活动。

活动内容包括:荐经典,每位员工推荐一部经典文学作品,并阐明推荐理由;读经典,每月开展一期读经典活动,员工从自己推荐的作品中选取一个节段朗读;三,评先进朗读者,评委对读经典活动进行打分,每期评选出3名优秀朗读者,给予奖励。

为配合读经典活动的开展,不断拓宽员工的眼界和增长员工知识含量,党支部建设了职工书屋。当前,职工书屋共计藏书2000余册,书目涉及党建丛书、法律、合同、建筑、科学、哲学、生活百科、国际国内文学等各方面,见图9-9。

图9-9 "一部经典永流传"

3)一个平台育人才。

加强两支队伍建设即班子建设和员工队伍建设,着力打造一支具有现代企业管理能力的人才队伍是人才管理工作的重中之重。"一个平台"即"新恒通讲堂",组织员工学习公司规章制度,学习财务、工程、合同、党务等专业知识。"一个平台"即"导师带徒",通过签订导师带徒协议确立师徒关系,师父由管理经验丰富或专业技能高超的员工担任,徒弟则是新入职员工。通过月度授课学习计划制订、学习效果考核、岗位轮换、谈心谈话等一系列活动,培养新员工以使其快速成长为岗位能手,见图9-10,图9-11。

图9-10 导师带徒图

图9-11 新恒通讲堂

4)一个比武铸匠心。

为在项目全线营造专注业务技能、高效务实创新、追求卓越品质的浓厚氛围,以"工匠精神"助推品质工程建设,从2018年7月开始至2019年6月,指挥部在钟昭高速、昭蒙高速全线开展"评选和表彰贺巴工匠"活动。通过各参建单位推荐,产生首批贺巴工匠候选人;通过组织钢筋焊接、测量、试验、机械操作等现场技能大比武(图9-12),评选贺巴工匠,并举办表彰大会表彰工匠。工匠们回到岗位中,用工匠精神感染和影响其他参建人员。

5)一项志愿服务惠民生。

即"千人志愿服务、助力精准脱贫",具体内容详见本书第6章"交通+扶贫"新路子。

6)一个文化长廊写品质。

对文化建设工作成果需要及时进行总结和宣传,文化长廊承担了这个任务。文化长廊的内容包括:廉政教育室,建设单位工作行为手册,品质工程展示,党员活动室。

廉政教育室门前悬挂廉政警钟,室内设置廉政教育文化知识,提醒员工提

图 9-12　工匠比武

高廉洁自律能力，筑牢拒腐防变的思想防线；党员活动室以"完善功能、一室多用"为原则，拥有组织开展活动、学习交流、会议研讨等多种功能，成为党员干部的精神家园；《建设单位工作行为手册》内容制作上墙，提醒员工要服务好承包人，调动一切可以调动的力量，加快推进投资建设工作；品质工程长廊共分为运筹帷幄、泰山之重、匠心独运、天人合一、大爱无疆五个部分，重点体现品质工程创建情况、现场文明管理、"四新"应用及团队建设情况，使参观者更直观地了解项目品质工程创建过程。指挥部还通过人才培养成果展示、榜样的力量（月度优秀员工）及月度绩效公示板块激励员工创先争优。

第 10 章
建设服务型业主

在讨论构建服务型业主之前,先明晰服务型政府和服务型党组织的基本概念,以便深入理解在国有大中型企业特别是国有交通基础建设企业建设服务型业主的内涵、意义和措施。

10.1 服务型政府

服务型政府是在公民本位、社会本位理念的指导下,在社会民主秩序的框架下,通过法定程序,按照公民意志建立起来的以为公民服务为宗旨并承担着服务责任的政府;是针对传统计划经济条件下,政府大包大揽和以计划指令、行政管制为主要手段的管制型政府模式而提出的一种新型的现代政府治理模式。

服务型政府以向社会公民提供优质服务为根本宗旨,基本特征包括竞争力、民主、责任、法治、合理分权等。

10.2 服务型党组织

基层党组织肩负着为群众服务的直接责任,必须牢固树立服务群众、服务发展的理念,始终牢记党的权力是人民赋予的,始终牢记权为民所用、情为民所系、利为民所谋,不断提高基层党组织的凝聚力和战斗力。

10.3 建设服务型业主的意义

(1)凝聚人心,团结力量

为承包人提供优质服务,不是依托手中的权力颐指气使,伏低身姿走到群众中去,扎牢群众基础,想承包人之所想、急承包人之所急,有利于促使业主单位和承包单位形成同呼吸、共命运、心连心的良好关系,以凝聚起来全体参建者的智慧和力量,共同推进项目建设。

(2)为科学决策提供依据

建设服务型业主要求工作重心下移,领导干部和各管段工程师要经常深入一线,了解和掌握承包人在建设过程中遇到的困难,帮助他们解决困难。业主单位搜集和掌握的第一手材料最能反映项目建设实际情况,是调整计划、适时革新和推进科学决策的重要依据。

(3)树立良好的企业形象

企业形象来源于项目建设进度快、质量好、安全环保零事故,来源于领导班子团结协作、员工队伍士气高涨,来源于全体员工遵纪守法、照章办事。抓好进度、质量、安全、环保管理,构建廉洁工程是提供优质服务、建设服务型业主的本质要求,做好这些工作有利于筑牢企业的社会基础,树立企业在群众中的良好形象。

(4)加快项目投资建设

一切工作的终点汇聚成一个核心目标,就是按质按量按期完成项目投资建设任务,确保建成一条优质高效、经久耐用、安全舒适、绿色环保、党委政府放心、人民群众满意的高品质高速公路。强调提供优质服务的服务型业主管理模式具备如下几个特点:

1)办事效率高。

服务型业主单位上至领导班子,下至一般管理工程师,不摆架子,不搞官僚主义,"门难进、脸难看、事难办"的弊病得到彻底根除,日常工作按照流程办理,速度快、效率高。

2)处事态度好。

以提供优质服务为目标,业主单位管理人员公平对待承包人反映的在建设过程中遇到的困难,既不厚此薄彼,也不区别对待,按事情先后顺序和紧急程度逐一办理,并且讲究处事方式方法,不居高临下、不颐指气使。

3)非管理成本低。

服务型业主单位要求包括领导在内的全部管理人员不搞文山会海,检查工作轻车简行，项目出差期间不吃宴席，对承包人不"吃、拿、卡、要"，不收礼金、土特产、代金券等，降低了承包人的非管理成本。

4）建设环境优。

业主单位秉公办事，承包人的困难得到迅速解决，双方关系和谐干净，不存在任何利益输送往来，工程建设环境健康廉洁，全体参建人员团结一致向前看，共同为项目建设贡献智慧和力量。

10.4 建设服务型业主的要求

（1）抵制"四风"

"四风"问题是建设服务型业主的最大障碍，是脱离群众、损坏企业形象的罪魁祸首。"四风"即形式主义、官僚主义、享乐主义、奢靡之风。2013年6月18日党的群众路线教育实践活动工作会议在北京召开，习近平在会议上强调，教育实践活动的主要任务聚焦到作风建设上，要集中解决形式主义、官僚主义、享乐主义和奢靡之风这"四风"问题，对作风之弊、行为之垢来一次大排查、大检修、大扫除。

（2）坚持原则

项目指挥部与总监办、总承包经理部（各分部）本质上是合同关系，双方关系存在的基础是对合同条款的有效执行。提供优质服务、建设服务型业主单位不是没有底线，更不是对承包人错误的容忍和视而不见，建设服务型业主的原则和底线是按合同办事。

10.5 钟昭高速建设服务型业主措施

（1）《建设单位工作行为手册》

2018年上半年，钟昭高速指挥部制订和发行了《建设单位工作行为手册》（以下简称《手册》），《手册》是对"四风"问题的坚持抵制，是建设服务型业主的行动指南。

《手册》分核心思想、总则、三大注意、七项要求、处罚条例五个部分。总的要求是强调建设单位的服务功能：服务好承包人，调动一切可以调动的力量，加快推进投资建设工作。

1）严格监督下的和谐关系。

《手册》中的三大注意明确规定：一是注意言行举止，要文明用语，保持友好、谦虚谨慎、不骄不躁的态度，不在任何场所以任何方式发表或传播不利于团结的言论。二是注意团结协作,调动一切可以调动的力量,想方设法协助承包人解决施工生产中遇到的困难。三是注意坚持原则,按合同约定办事,讲规矩、守原则、以理服人。

2)讲求服务才能团结力量,发挥全产业链优势。

《手册》的七项要求之一是服务要求,指出,建设单位全体人员要端正服务态度、提升服务意识、提高服务质量。坚持对事不对人原则,实事求是解决问题,处理问题合法合规、客观公正、及时有效。敢于担当、勇于负责,遇事不推卸、不推诿。

在严格履行合同约定和全面发挥监督查管理职责的基础上,以讲求提供服务为前提,是团结投资、设计、监理、施工全体参建单位一切力量的基本原则和行之有效的措施。

3)正人先正己,律人先律己。

《手册》(图10-1)七项要求中包含的纪律要求、精神文明要求、民主要求、廉洁要求是对建设单位管理人员行为举止的约束、监督。其中,廉洁要求指出,严格执行中央八项规定要求,防止"四风"问题反弹回潮。坚持自省自律,杜绝"吃、拿、卡、要"现象,不得以权谋私,不得插手工程承包,不得接收承包人赠送的烟、酒、茶叶、礼金、代金券等财物,打造廉洁工程。

(2)靠前指挥

在高速公路建设行业,不乏很多工程建设指挥部或项目公司将办公及住宿场所设置在市区或繁华的县城,而距离项目施工现场较远,指挥部人员去现场检查或承包人去指挥部办事,都需要驱车百余公里,耗时耗资,工作效率低。相反,贺巴高速各段指挥部、融河高速指挥部均设立在项目施工一线,如:钟昭高速指挥部设在国家级贫困县昭平县,蒙象高速指挥部设在金秀县桐木镇,融河高速指挥部设在罗城县四把镇。这些指挥部距离施工现场均不到5公里。

实行靠前指挥缩短了管理的时空距离,有利于节约管理成本和提高管理效率,以最快速度和最少时间处理承包人在施工过程中遇到的问题,正是提供优质服务的最好体现。

(3)反馈和整改制度

解决困难和处理问题速度的快慢,直接影响服务质量的好坏。如何第一时间发现和处理施工现场问题、第一时间接收和解决承包人反映的施工难题,是建设服务型业主需要认真思考的工作。钟昭高速指挥部推出了"3天1巡查1整改1反馈"制度,即对工程施工现场每3天巡查1次,针对已发现问题3天之内整改完毕并在3天之内就问题的处理情况进行反馈。

(4)党员"问题"岗

图 10-1 《建设单位工作行为手册》

党员"问题"岗以保通车为目标,是针对解决通车前遗留问题设置的,口号是"我是党员,有问题找我"。

1)岗位组成。

党员"问题"岗由指挥部党支部委员、党员中层正副职组成,实行轮流值守制度,每人每天 24 小时坚持在岗。

2)党员巡查。

党员"问题"岗成员早上 8 点出发,目标为往标头方向全线巡查项目建设情况,现场发现问题现场解决;对那些短时间内无法解决或需报请领导班子过会的问题,登记造册、及时反馈。

3)党员"问题"岗亭。

当天下午 6 点下班后,值守的党员"问题"岗成员到"问题"岗亭休息,吃、住都在"问题"岗解决,次日早上 8 点离开。在岗期间,手机保持畅通,确保随时解决施工问题,为 24 小时连续不间断的沥青施工保驾护航。

第 11 章
打造廉洁工程

工程建设领域的反腐败工作是一项系统工程，要求各级党组织将党风廉政建设贯穿工程建设过程始终，既要自觉扛起主体责任，又要强化监督责任，进一步完善体制机制，形成不敢腐、不能腐、不想腐的良好氛围。

反腐败工作在交通基础建设行业的体现就是打造廉洁工程。在广西新发展交通集团公司党委、纪委的坚强领导下，钟昭高速自筹备到开工建设至今，始终着力于开展党风廉政建设反腐败工作，努力打造廉洁工程。

11.1 工程建设领域廉政风险分析

工程建设领域廉洁从业风险是国有企业廉洁管控的重点，辨识工程建设领域廉洁风险点，加强风险防控工作，对从源头上预防和遏止工程建设项目腐败问题具有十分重要的意义。

（1）违反"三重一大"集体决策制度

在重大项目安排过程中，不能严格执行"三重一大"集体决策制度。主要表现在以下几个方面：在工程建设管理中，涉及"三重一大"事项，在决策科学性方面，存在缺乏调研论证和可行性研究、决策前酝酿不充分、会议程序不规范、会议记录不完整、擅自变更决策及决策执行监督、责任追究不明确等问题。在决策民主性方面，存在擅自决定应集体决策的事项、未按规定履行民主决策程序等问题。在决策合法合规方面，也存在忽视法律咨询意见、违规决策等问题。

（2）招标环节弄虚作假

一是招标信息公布不规范，公告时间不足，页面信息不明显，导致投标单位少。二是招标文件要求不明确，投标单位相互串通、透露标底。三是利用职权向有关单位施加压力，指定、暗示投标人或为投标人中标提供便利条件，谋取不正当利益。四是有的单位、部门和领导对聘请的专家评委在询标、评标前打招呼、搞暗示，授意让某单位中标。五是评标过程中，专家评委收受中标单位馈赠的礼品或有价证券，出现泄露信息、泄露标底的情况，导致参评单位互相打压，扰乱评标秩序。

(3) 采购物资中饱私囊

在市场询价、指导价审批等方面，工作不深入、不细致，导致采购价格偏高；经办人员单独与商家联系购货、验收事宜，制度不健全，缺乏有效监督，为暗箱操作提供了可乘之机；对采购的物资降低检验标准，为工程质量埋下隐患。

(4) 废旧物资处理不规范

表现为：对废旧物资不及时申报处理，不按规定办理退库手续；未编制折旧物资回收计划和明细，违规截留或利用废旧物资，造成回收数量与实际出入存在较大差距；私自变卖废旧物资，设立小金库，装入个别人腰包。

(5) 利用征地补偿营私舞弊

一是在征地补偿中优亲厚友或者对钉子户随意提高补偿标准。二是在征地协调过程中，依靠当地乡镇政府或村干部开展群众协调工作，不规范使用协调费用，虚报协调工作经费。

(6) 违规分包转包工程

一是违规指定施工企业、个人承揽外包工程。二是工程分包比选程序执行不严肃，分包结算控制不严格，分包工程比例过高，项目负责人收受某些存在长期业务往来的施工队伍的回扣。三是违规转包、分包、挂靠承揽工程等。

(7) 其他风险

直接参与工程建设各环节的责任人，因手中握有一定权力容易导致廉洁风险。主要表现为：一是在签订合同时文本有漏洞或审核不严谨造成经济损失。二是变更设计方案时增加工程量或增加造价，少做多签，收受承包人回扣等。三是不按项目完成实际工程量办理结算资料，多付或超前支付进度款。四是利用虚假单据套取建设资金，项目对费用处置不规范，导致管理成本增加。五是工程结算价格、形式和账号与合同约定不相符，工程费支付给个人账户。六是工程竣工验收时降低标准，参与验收人员不符合规定等。

11.2 工程建设领域廉政风险防范措施

针对工程建设领域广泛存在的廉洁风险点,首先要从制订和完善制度上入手,结合工程建设从业人员廉政教育,提高其防腐反贪的意识和能力,同时强化纪检监察部门职能,以加强对工程建设领域权力人的监督查管理,实现减少或避免腐败现象发生、打造廉洁工程的目标。

(1)坚持集体决策制度,提高决策的民主性

遵守"三重一大"决策制度,《国有企业领导人员廉洁从业若干规定》规定:不得违反决策原则和程序决定企业生产经营的重大决策、重要人事任免、重大项目安排及大额度资金运作事项。凡属于重大决策、重要人事任免、重大项目的建设和安排、大额资金使用等范围内的事项,坚决执行集体讨论决策制度,杜绝主要领导个人独断专行现象的发生,提高决策的民主性和科学性。

(2)加强党风廉政教育培训

思想决定行动,思想上不腐败,行为上就不容易腐败。制订和执行党风廉政教育教育培训制度,以月、季度、年度为时间单位,定期组织员工、党员领导干部开展廉政教育培训,形式可以包括观看廉政教育警示片、发送节前廉政提醒短信、制作廉政宣传板报、参观廉政教育基地等,促使员工始终绷紧廉洁从业这根弦,守好红线、底线。

(3)严格管理工程项目招投标

成立招标工作领导小组,对工程招标事项集体讨论决定,避免出现主要领导人员控制招标工作现象发生。严格执行招标审批工作流程,强化对招投标资格预审、评标定标等关键环节的管控。摒弃过去一贯执行的低价中标原则,根据工程项目性质、难度选择那些有能力履行合同条款的承包人。建立信用名单和黑名单库,对那些已经纳入黑名单的不守信用的承包人坚决予以摒弃。对是否存在围标、串标行为进行评审,确保项目招投标公开、公平、公正。

(4)规范设备材料采购

通过公开招标确定供应商,核实结果进行公示,接受社会的监督。严格合同审批程序,按层级、分类别对物资采购合同进行会审。选定供应商前,应进行周密的社会调查工作,梳理清楚市场价格信息,避免高于市场价格现象出现。禁止项目内部员工介绍或指定材料供应商和违规干预材料采购活动;禁止工程建设管理人员的配偶、子女及其亲属在本人管辖业务范围内从事工程材料供应方面的经商办企业。

(5)监管设计变更

严密监管好设计变更程序，按程序办事。组成施工、设计、监理、建设单位联合会审，严格设计变更与现场签证审批流程，避免个别人或个别单位相互勾结，扰乱变更程序获取私利。实行内部审计和外部审计相结合，内部审计以发现问题为主，及时纠正，为项目建设保驾护航，避免外部审计出问题、触法律。

（6）加强纪检监察监督

成立纪检监察部门，配备足额的纪检监察人员，赋予其足够的职权，重点对项目领导班子成员和其他部门负责人实施全过程、零距离监督。实践运用"四种形态"，抓早抓小，发现苗头及时警示，有了反映及时提醒，发现线索及时追踪处理，防止由小错酿成大错。正确运用任前谈话、廉洁从业谈话等工作方式方法，筑牢廉洁从业思想防线。

11.3　扎实推进党风廉政建设

（1）加强宣传教育，从思想上扎牢腐败的口子

不能腐，是反腐败工作体制机制建设的最大成就；不敢腐，是腐败导致的后果给行为人在思想和行动上产生的威慑力；不想腐，是行使公权力人员在思想意识上对腐败行为的坚决摒弃。前两者注重从外部客观环境上制约腐败行为发生；后者注重从内部主观意识上限制腐败行为发生，是根本性的。

1）正反面案例教育。

依托党员大会、廉政宣传教育会、廉政党课向员工传达广西北部湾投资集团、自治区、全国廉洁从业正面典型案例和违纪违规反面案例，通过正面案例宣扬廉洁至上高贵品质，通过反面案例警示员工违纪违规、贪污腐化巨大危害，引导员工以正面案例为榜样，以反面案例为戒尺。

2）节前廉政提醒。

春节、端午、中秋、国庆等重大传统节假日前，依托廉政会议、收集短信、微信公众号和QQ群等平台，发布廉洁从业、廉洁过节提醒讯息，提醒和督促党员领导干部在节假日期间管住嘴、管住手、管住腿，坚决抵制通过各种形式赠送的礼金、有价证券、购物卡等。

3)廉政教育基地。

钟昭高速指挥部设置廉政教育室一间,作为员工廉政教育基地。室外设置廉政警钟,室内设置底线、红线警报系统和廉政文化知识上墙。通过定期敲响廉政警钟和体验触碰底线、红线警报系统,增强员工防腐反贪意识和能力,筑牢员工防腐拒变思想防线,见图 11-1。

图 11-1 敲响警钟,指挥部廉政教育室开课

4)交流学习。

走出去是学习先进管理经验和典型做法的重要方法,定期派遣纪检监察干部、部门负责人到同行业其他单位进行反腐败工作交流学习。在加强内部学习方面,以学习贯彻新修订《中国共产党纪律处分条例》为契机,开展学习《中国共产党纪律处分条例》暨廉政警示教育专项活动,宣传和学习《中国共产党纪律处分条例》的修订内容,教育引导党员干部把党规党纪刻印在心上,持续营造知纪、明纪、守纪的浓厚氛围,见图 11-2。

(2)健全制度强化监督,建立有效责任压力传导机制

1)自觉扎紧制度篱笆,进一步落实监督责任。

公司制订或修订了《纪律检查委员会工作规则(试行)》《纪检监察工作报告制度(试行)》《党风廉政建设专项会议制度》等 6 项制度,印发了《明确公司落实党风廉政建设"两个责任"工作要求的通知》等工作通知,有效落实了纪委会议制度及内部监督资源联席会议制度。对以上制度涉及工程建设管理的,指挥

图 11-2　参观廉政教育基地

部党支部坚决贯彻落实。

2）严格全面从严治党，落实"两个责任"要求。

协助公司党委把全面从严治党责任任务以及"两个责任"清单细化，将工作任务分解落实到具体部门、责任领导，为责任追究提供了量化依据，形成了纵向到底、横向到边的主体责任覆盖传导体系。强化各级领导干部的"一岗双责"意识，层层传导压力。通过要求指挥部领导班子成员就落实党风廉政建设主体责任对分管部门进行个别约谈或集体约谈，强化领导干部切实履行党风廉政建设"一岗双责"职责，进一步增强廉政风险防控能力。党支部书记按规定对干部进行任前廉政谈话，对新入职员工进行廉政谈话，对各级管理人员例行谈话，见图 11-3。

图 11-3　廉政形势分析会对党风廉政建设进行梳理

(3) 重点领域和关键环节风险防控

由指挥部综合部牵头，对各部门职权范围内工作进行梳理排查，制订《重点领域和关键环节廉政风险防控一览表》，并将表格制作上墙张贴悬挂。凸显各领域廉政风险点，时时提醒责任人筑牢防范风险的思想意识，和对可能出现的风险提前处理，杜绝廉政问题发生。由指挥部党支部牵头，按月召集各职能部门针对重点领域和关键环节廉政风险防控工作进行排查和总结，分析问题、找准对策。

(4) 聚焦主责突出主业，认真履行监督执纪问责职能

1）整合监督资源，开展专项检查。

在公司纪委的统一部署下，按照公司《内部监督资源整合管理办法》要求，针对公务接待和公务车使用方面贯彻落实中央八项规定精神的情况进行专项检查，对办公生活设备采购情况进行专项检查，对工程设计变更情况进行专项检查，对征地拆迁协调工作费用进行专项监督检查，充分发挥各职能部门的积极主动性，形成齐抓共管、协同作战的反腐倡廉"大监督"格局。

按季度组织专门人员对总承包单位（含各分部）、总监办等承包人进行廉政检查，排查其与劳务协作队伍合作关系是否涉及廉政问题，排查其与指挥部工作人员是否存在利益输送关系，彻底清洁工程建设环境。

2）注重调查研究，分析研判形势。

围绕"设计施工总承包模式下如何开展纪检监察工作"和"区市共建模式下如何开展纪检监察工作"等课题开展经常性的专项调研和检查，以查阅资料、一对一谈话的方式，对各承包人落实党风廉政建设责任制情况、廉洁从业情况，以及官僚主义、形式主义突出问题展开调研，并注重发挥党风廉政建设形势分析会在研判廉政形势上的积极作用，深入查找薄弱环节和问题，深刻剖析原因，为制订部署党风廉政建设阶段性工作做准备。

3）严格信访举报办理，确保信访举报渠道畅通。

充分利用来信、来访、来电、网络等信访举报平台，畅通信访举报渠道，建立完善"横向到边、纵向到底"的信访受理机制。

(5)《建设单位工作行为手册》

钟昭高速指挥部制订和发行的《建设单位工作行为手册》（以下简称《手册》）旨在规范员工行为举止、建设服务型业主和打造廉洁工程。《手册》七项要求中包含的纪律要求、精神文明要求、民主要求、廉洁要求是对建设单位管理人员行为举止的约束、监督。其中，廉洁要求指出，严格执行中央八项规定，防止"四风"问题反弹回潮。坚持自省自律，杜绝吃、拿、卡、要现象，不得以权谋私、不得插手工程承包。不得接受承包人赠送的烟、酒、茶叶、礼金、代金券等财物。

主要参考文献

[1] 蓝勇翔. 采用设计施工总承包的优劣点分析[J]. 建筑与预算, 2015(8): 50-52.
[2] 屈博. 公路工程设计施工总承包管理模式研究[J]. 交通建设, 2017(8): 251.
[3] 罗玉峰. 国省干线的省市共建模式[J]. 中国公路, 2012(19): 83-84.
[4] 刘洪波. 设计施工总承包(EPC)管理模式的优势及职责[J]. 管理研究, 2018(6): 46-47.
[5] 安敏. 国有企业基层服务型意识的创新探究[J]. 中国高新技术企业, 2015(17): 172.
[6] 代娟. 湖北"交通+旅游"产业融合发展的趋势研究[J]. 当代经济, 2019(5): 22-24.
[7] 何林倩, 徐宝根. 工程建设项目之廉洁管理探析[J]. 项目管理技术, 2010(8): 55-58.
[8] 王建平, 郭乐. 三管齐下打造"廉洁工程"[J]. 中国电力企业管理, 2019(6): 50-51.
[9] 张芹. 抓好工程建设廉洁风险防控[J]. 中国电力企业管理, 2018(11): 8-9.
[10] 郝文超. EPC工程总承包项目安全管理要点及实施策略研究[J]. 居舍, 2019(23): 163.
[11] 谢望. 高速公路施工安全管理中存在的问题及其对策[J]. 黑龙江交通科技, 2019(2): 216-218.
[12] 耿巾岢. 公路工程施工安全管理的影响因素及完善措施[J]. 交通世界, 2019(11): 151-152.
[13] 翟新炎. 公路工程施工安全管理的影响因素及完善措施[J]. 四川水泥, 2019(6): 165.
[14] 李丽红. 浅解建设工程施工中影响安全管理的因素[J]. 建筑与装饰, 2019(6): 166-167.
[15] 陈思昊. 景观设计中融入地域文化的探讨[J]. 居舍, 2019(3): 85.
[16] 叔平. 用"工匠精神"为"中国工程品质"代言[J]. 上海质量, 2016(8): 27-28.
[17] 孙红燕. 高速公路工程施工进度控制措施[J]. 交通世界, 2019(13): 130-131.
[18] 刘云洲, 徐远红. 高速公路建设工程项目进度管理分析[J]. 黑龙江交通科技, 2018(11): 190-191.
[19] 吴镜明. 施工进度的控制与管理问题探讨[J]. 住房与房地产, 2019(18): 152.
[20] 温向生. 土建工程施工管理中的施工进度管理与控制[J]. 建材与装饰, 2019(7): 114-115.

[21] 冯花英. 建绿色公路, 打造品质工程[J]. 价值工程, 2018(21): 241-242.
[22] 牟瑞芳, 车畅. 绿色公路的属性及内涵分析[J]. 交通运输工程与信息学报, 2019(1): 131-137.
[23] 董瑞常. 绿色公路理念在公路建设中的应用与体现[J]. 绿色环保建材, 2019(3): 101-104.
[24] 姚嘉林, 简历, 厉明玉. 新时期绿色公路的内涵特征与建设理念[J]. 交通世界, 2018(17): 3-6.
[25] 卢恒江. 高速公路全寿命周期质量管理[J]. 交通世界, 2015(7): 28-29.
[26] 张秋晨. 浅析高速公路全寿命周期建设与养护管理一体化[J]. 江西建材, 2015(9): 153.
[27] 刘傲. 高速公路品质工程建设的几点思考[J]. 公路交通科技, 2018(8): 267-270.
[28] 华晟. 企业"走出去"须重视软实力[N]. 中国市场监管报, 2019-01-22(004).
[29] 邓文韬. 浅论"软实力"[J]. 中国集体经济, 2019(15): 91-92.
[30] 王莉萍. 高速公路工程项目质量通病管理与控制[J]. 交通世界, 2018(10): 150-153.
[31] 杨孝维. 公路工程项目质量通病管理与控制[J]. 科技创新导报, 2018(20): 174-176.
[32] 谭世华, 徐印凌. 公路路基施工质量通病成因及处理研究[J]. 工程技术研究, 2018(8): 63-64.
[33] 冀燕杰. 建筑工程质量通病成因及控制管理[J]. 合作经济与科技, 2014(10): 114-115.
[34] 王良彪. 浅谈高速公路施工质量管理及工程质量通病防治[J]. 低碳时间, 2016(5): 184-185.
[35] 林春. 高速公路标准化施工管理[J]. 城市道桥与防洪, 2017(10): 160-161.
[36] 赵正涛. 高速公路标准化施工及管理方案探析[J]. 科技, 2018(13): 163-164.
[37] 俞冬平. 高速公路建设项目精细化管理分析[J]. 建材与装饰, 2018(29): 263-264.
[38] 杨崇. 公路工程施工质量影响因素及控制措施[J]. 交通世界, 2019(14): 139-140.
[39] 潘嘉诚. 试论精细化管理高速公路建设项目施工中的应用[J]. 居舍, 2019(10): 155.
[40] 霍旭薪, 李欣宇, 何宇航. 推进智慧工地建设 助力建筑行业发展[J]. 土木建筑工程信息技术, 2019(11): 129-134.
[41] 梁小军. 品质工程项目建设管理[J]. 交通世界, 2019(7): 138-139.
[42] 游晓英. 浅析祁离高速公路品质工程设计[J]. 山西交通科技, 2018(6): 51-53.
[43] 吴国秋, 刘莹. 基于全产业链的装备制造业转型升级员工岗位能力要素研究[J]. 商场现代化, 2018(22): 94-95.
[44] 张雯. 嘉定汽车全产业链发展现状、问题及对策[J]. 科学发展, 2019(128): 27-32.
[45] 陈安娜. 新时代中国铁路"走出去"全产业链发展模式研究[J]. 商业经济研究, 2019(4): 176-178.
[46] 林丽花, 刘颖娴. 伊利集团全产业链经营问题研究[J]. 中国乳业, 2018(203): 20-27.
[47] 刘宇杰. 以全产业链思维谋划产业振兴[J]. 农村工作通讯, 2018(22): 59-60.
[48] 杨琨瑜, 杨蕙铭. 云南省粮食全产业链发展探究[J]. 粮食与饲料工业, 2019(1): 15-18.